TOM GRIMM & KATJA BÖHM

COCINA
LOS POSTRES DE
HARRY POTTER

EL RECETARIO NO OFICIAL
PARA FANS DE LA SAGA

**De la varita mágica de regaliz
a las acromántulas de chocolate y
otras cien recetas para magos y no magos**

Traducción de Mar Mañés Bordes

Ilustraciones de Raquel Travé

Duomo ediciones

Barcelona, 2022

Título original: *Das inoffizielle Backbuch für Harry-Potter-Fans*

© 2021, HEEL Verlag GmbH, Gut Pottscheid 53639,
   Koenigswinter, Alemania.
© de la traducción, 2022 por Mar Mañés Bordes
© de esta edición, 2022 por Antonio Vallardi Editore S.u.r.l., Milán

Textos: Tom Grimm
Recetas: Katja Böhm y Tom Grimm

Todos los derechos reservados

Primera edición: octubre de 2022

Duomo ediciones es un sello de Antonio Vallardi Editore S.u.r.l.
Av. de la Riera de Cassoles, 20. 3.º B. Barcelona, 08012 (España)
www.duomoediciones.com

Gruppo Editoriale Mauri Spagnol S.p.A.
www.maurispagnol.it

ISBN: 978-84-19004-78-9
Código IBIC: WBA
DL: B 17.005-2022

Diseño y maquetación:
Grafime Digital S. L.

Impresión:
Grafica Veneta S.p.A. di Trebaseleghe (PD)

Impreso en Italia

Para Hannah, ya sabe por qué

Índice

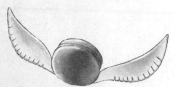

¡Dulces para gente dulce!

En el mundo mágico de Harry Potter, la comida y la bebida tienen un papel muy destacado, especialmente los postres, que hacen las delicias de los más golosos: tartas, pasteles, muffins, galletas, gofres, donuts, caramelos, bombones, helados o flanes... Cuando Hagrid sirve orgulloso su última creación, cuando la señora Weasley envía uno de sus famosos «kits de emergencia» lleno de deliciosos dulces, o cuando la tía Petunia sorprende a los vecinos con repostería casera, es fácil olvidar la lucha contra El-Que-No-Debe-Ser-Nombrado.

El encantamiento en la repostería es el título de uno de los libros de cocina más famosos del mundo mágico y forma parte de la bibliografía obligatoria para los alumnos de Hogwarts. Harry lo conoce en su primera visita a la Madriguera, el hogar de la familia Weasley: el mago más famoso de la historia no se puede resistir a la maravillosa tarta de chocolate o las siempre presentes galletitas que prepara la señora Weasley. Pero la preparación de estas delicias no tiene nada que ver con la magia culinaria de la madre de Ron, pues, como es bien sabido, conjurar la comida es una de las cinco excepciones principales de la Ley de Gamp sobre Transformaciones Elementales; esto significa que es imposible preparar una buena comida de la nada. Solamente si sabes dónde hay algún plato preparado puedes conjurarlo, hacer que se transforme en otra cosa o multiplicarlo, pero es imposible crear comida por arte de magia. En otras palabras: solo se puede encantar comida o bebida que ya exista y que se encuentre en algún lugar concreto, como la cocina de la escuela, un restaurante o la despensa. Debe haber sido preparada por alguien gracias a sus habilidades culinarias, siguiendo una receta y usando los utensilios necesarios, como en la vida real.

Ese es uno de los secretos del enorme éxito de Harry Potter. Por muy fantástico que parezca el mundo mágico, la magia es solamente el aspecto más superficial, pero una observación más detallada nos revela que el universo de Harry Potter es casi tan normal como el nuestro. Si no tenemos en cuenta sus poderes mágicos, Harry y sus amigos no dejan de ser adolescentes corrientes con preocupaciones y necesidades típicas de su edad: tienen que estudiar para la escuela, son acosados por sus compañeros de clase y experimentan el primer amor y las primeras decepciones... En definitiva, aspectos del día a día con los que cualquiera de nosotros puede sentirse identificado.

Es más, al final no son los encantamientos, las pociones y los trucos mágicos los que ayudan al Ejército de Dumbledore a imponerse al mal, sino la amistad, el valor, la lealtad y la capacidad de sacrificio, virtudes humanas básicas que los *muggles* poseemos en la misma medida que los magos y brujas del mundo de Harry. Es decir, exceptuando los sombreros de fieltro, los simpáticos gigantes con paraguas rosas que viajan por el aire en motocicleta y el resto del imaginario, Harry y sus amigos viven en un ambiente muy parecido al nuestro, en un entorno que nos resulta familiar, con problemas conocidos, y con alimentos y bebidas que, en mayor o menor medida, nos suenan.

Por eso, queridos lectores y queridas lectoras, no necesitáis una varita mágica u otros utensilios mágicos para «conjurar» los platos y bebidas que os presentamos a continuación. Todo lo que os haga falta lo podéis encontrar en vuestro supermercado más cercano. Pero, además de productos básicos y tan banales como la harina, la levadura y el agua, para crear estos deliciosos postres, solo necesitaréis algunos instrumentos de cocina la mar de sencillos y, sobre todo, creatividad. ¡Lo mejor de la repostería es experimentar! Por eso, estas recetas son simplemente el punto de partida de vuestro dulce viaje mágico.

Igual que en el mundo mágico, en la cocina es fundamental esta regla: el único límite es vuestra propia fantasía. Y el mejor sortilegio del que somos capaces los *muggles* es hacer felices a los demás. ¿Y qué mejor manera que con un delicioso trozo de tarta de melaza?

En definitiva, ¡os deseamos mucha diversión y mucha magia! ◆

Katja Böhm & Tom Grimm

Recetas

Galletas de cerveza de mantequilla

Para aproximadamente 25 galletas:

280 g de mantequilla a temperatura ambiente

180 g de azúcar

1 pizca de sal

1 cucharadita de extracto de vainilla

1 huevo

300 g de harina

1 cucharadita de levadura en polvo

150 g de nueces de macadamia trituradas

200 g de dulce de azúcar con sabor a cerveza de mantequilla (ver pág. 69) troceado

100 g de chocolate negro troceado

1. Precalienta el horno a 170 °C con calor superior/inferior. Coloca una hoja de papel de horno en una bandeja.

2. Pon la mantequilla a temperatura ambiente en un bol y bátela con un robot de cocina hasta que quede montada. Añade el azúcar, una pizca de sal, el extracto de vainilla y un huevo, y vuelve a mezclarlo.

3. En un bol aparte, mezcla la harina con la levadura en polvo. Añádelas a los demás ingredientes y deja que el robot de cocina acabe de mezclarlos. Finalmente, añade las nueces de macadamia, el dulce de azúcar con sabor a cerveza de mantequilla y los trozos de chocolate y vuelve a mezclar.

4. Con una cuchara sopera, haz montoncitos de masa y colócalos en la bandeja con bastante espacio entre ellos. Hornéalos unos 12-14 minutos. Cuando estén cocidos, retíralos del horno y déjalos enfriar. ◆

Meigas fritas efervescentes

Para aproximadamente 25 meigas fritas:

75 ml de zumo de cereza

225 g de azúcar

50 g de glucosa líquida

½ cucharadita de ácido cítrico en polvo (para cocinar)

2 paquetes de polvos pica-pica

También necesitarás:

Termómetro para azúcar, palitos para piruletas

molde de silicona para piruletas (a tu gusto)

1. Extiende el molde de silicona y coloca los palitos para piruletas.

2. Vierte el zumo de cereza, el azúcar y la glucosa líquida en una cazuela mediana y, sin dejar de removerlos, déjalos cocer a fuego medio hasta que el azúcar se haya derretido del todo. Sube la temperatura y deja de remover. Controla la temperatura con el termómetro para azúcar. Cuando el sirope haya alcanzado los 155 °C, retira el cazo del fuego y colócalo en una superficie resistente al calor.

3. Añade el ácido cítrico y mézclalo rápidamente.

4. Con cuidado, extiende la masa en el molde de silicona, coloca los palitos para piruletas y déjalo enfriar. ¡Recuerda que la masa de azúcar quema!

Sigue en la página siguiente...

5. Cuando las piruletas se hayan enfriado, recubre las meigas fritas con polvos pica-pica usando un bol y haciendo movimientos circulares. Guárdalos en un recipiente hermético.

Si no tienes un molde de silicona, puedes usar una bandeja cubierta con papel de horno. Coloca los palitos para piruletas y vierte el sirope de azúcar a cucharadas en la parte superior. Da forma al sirope y gira los palitos con cuidado para asegurarte de que están bien colocados. Déjalos enfriar y, para terminar, recubre las meigas fritas con polvos pica-pica. ◆

Escudos de Hogwarts

Para aproximadamente 8 escudos de Hogwarts:

250 g de harina

1 paquete de levadura en polvo

1 paquete de pudín instantáneo con sabor a caramelo

100 g de mantequilla

100 g de azúcar

1 pizca de sal

Extracto de vainilla

2 huevos

60 ml de leche

1. Precalienta el horno a 200 °C con calor superior/inferior. Coloca una hoja de papel de horno en una bandeja.

2. Mezcla la harina en un bol con la levadura en polvo y el pudín en polvo.

3. En un bol aparte, mezcla la mantequilla, el azúcar, la sal y el extracto de vainilla con la batidora hasta que quede esponjoso. Añade un huevo y bátelo antes de añadir el otro y repetir la operación. Usando un tamiz, añade la harina y el pudín en polvo. Luego mézclalo todo con la leche.

4. Introduce la masa en una manga pastelera y forma ocho galletas del mismo tamaño. (Si no tienes una manga pastelera, puedes usar una bolsa para congelados y cortarle una punta.) Deja suficiente espacio entre las galletas, porque la masa se extiende al cocerse. Hornéalas durante 10-15 minutos, sácalas y déjalas enfriar.

Sigue en la página siguiente...

Para la decoración:

200 g de azúcar glas

3 cucharadas de zumo de limón

Fondant de varios colores (rojo, verde, amarillo, azul)

También necesitarás:

Sellos de silicona con los escudos de las casas de Hogwarts, manga pastelera

5. Extiende el fondant de colores con el rodillo hasta que quede una masa fina. Usa un vaso como molde para cortar figuras circulares un poco mayores que los sellos de las casas de Hogwarts. ¡Usa el fondant del color correspondiente a cada sello! Recuerda que Gryffindor es rojo; Hufflepuff, amarillo; Ravenclaw, azul; y Slytherin, verde.

6. Mezcla el azúcar glas y el zumo de limón en un bol hasta formar una crema espesa. Esparce el glaseado de forma equitativa sobre las galletas. A continuación, mientras el glaseado todavía esté caliente, coloca el fondant con los escudos de forma que queden a medida, y presiónalo suavemente. Espera unos minutos hasta que se enfríe y los escudos estén listos para comer. ◆

Tarta de cumpleaños de Harry

Para la tarta de chocolate:

200 g de chocolate negro troceado (trozos grandes)

320 g de mantequilla

8 huevos

250 g de azúcar

1 cucharadita de extracto de vainilla

1 pizca de sal

30 g de cacao en polvo

2 cucharaditas de levadura en polvo

190 g de harina

1. Precalienta el horno a 160 °C con calor superior/inferior. Coloca papel de horno en la base de un molde desmontable.

2. Derrite la mantequilla a fuego lento en un cazo. Luego añade el chocolate y, una vez derretido, déjalo enfriar unos minutos. Mientras tanto, mezcla los huevos, el azúcar, el extracto de vainilla y la sal en un bol. Vierte el chocolate en la mezcla y bátela con intensidad.

3. En un bol aparte, mezcla el cacao en polvo y la levadura en polvo con la harina y añádelos al otro bol hasta conseguir una masa uniforme. Viértela en el molde y hornéala unos 30-35 minutos. Una vez cocido, deja enfriar el pastel en un plato. Retira el papel de horno y corta la tarta por la mitad en horizontal.

Sigue en la página siguiente...

TARTA DE CUMPLEAÑOS DE HARRY

Para la crema de mantequilla:

1 paquete de flan de vainilla

400 ml de leche

30 g de azúcar

190 g de mantequilla a temperatura ambiente

50 g de azúcar glas

Colorante alimentario verde

Colorante alimentario rojo o rosa

También necesitarás:

Molde desmontable (aprox. 25 cm Ø), manga pastelera con una boquilla redonda

4. Prepara el flan en polvo según las instrucciones, pero usando solo 400 ml de leche y 2 cucharadas de azúcar. Cúbrelo con film transparente y déjalo enfriar a temperatura ambiente. Mientras tanto, derrite mantequilla a temperatura ambiente y azúcar glas tamizado en un bol y mézclalos con la batidora hasta que quede una masa espumosa. Añade el flan a cucharadas y mézclalo a la máxima velocidad. Reserva ¼ de la crema para el relleno de la tarta. Divide el resto de la crema en dos partes y usa colorante alimentario verde para una mitad y colorante rojo o rosa para la otra.

5. Coloca la mitad inferior del bizcocho en una fuente para tartas y extiende la crema de mantequilla sin color. Tápala con la mitad superior del bizcocho y recúbrela con la crema de color rosa. Introduce la crema verde en una manga pastelera y escribe tus deseos de cumpleaños con una boquilla redonda. Déjalo secar todo unos minutos antes de servir. ◆

Gelatina de poción multijugos

Para 4 porciones:

9 hojas de gelatina

750 ml zumo de manzana

7 hojas picadas de aspérula olorosa fresca

Colorante alimentario verde

1. Pon las hojas de gelatina en un bol pequeño lleno de agua fría.

2. Pon el zumo de manzana y la aspérula olorosa picada en un cazo y déjalo cocer a fuego lento, pero sin que llegue a hervir. Déjalo reposar unos minutos y cuélalo.

3. Vuelca el zumo de manzana en el cazo. Seca la gelatina, ponla en el cazo y remuévelo todo con unas varillas hasta que la gelatina se haya derretido por completo. A continuación, tiñe la mezcla con suficiente colorante alimentario verde para que tenga el color de una poción multijugos. Vierte la mezcla en vasos o boles pequeños y déjala enfriar por lo menos seis horas en la nevera.

4. Antes de servir la gelatina, vuélcala en un plato con mucho cuidado. ◆

Merengues de lechuza

Para aprox. 50 merengues de lechuza.

Para la masa:

150 g de harina
100 g de mantequilla
50 g de azúcar
1 clara de huevo
1 pizca de sal
1 cucharada de agua

Para el relleno:

2 claras de huevo
1 pizca de sal
1 cucharadita de zumo de limón
160 g de azúcar
Aprox. 50 bombones de caramelo (tipo Toffifee)

1. Amasa la harina, la mantequilla, el azúcar, una clara de huevo, una pizca de sal y una cucharada de agua en un bol, tapa la masa con film transparente y déjalo reposar en la nevera durante una hora.

2. Mientras tanto, bate la clara de huevo con una pizca de sal y el zumo de limón con la batidora. Añade el azúcar poco a poco y sin dejar de remover hasta que la clara quede a punto de nieve. Déjalo reposar en la nevera.

3. Precalienta el horno a 160 °C con calor superior/inferior. Coloca una hoja de papel de horno en una bandeja.

4. Cuando la masa esté fría, extiéndela sobre una superficie lisa y con un rodillo hasta que tenga un grosor de unos 5 mm. Espolvorea la superficie con harina para poder trabajar más fácilmente. Usa un cortador para galletas redondo (idealmente, no más

Sigue en la página siguiente...

Cortador para galletas
redondo (aprox. 8 cm Ø),
manga pastelera con una
boquilla redonda

grande que un bombón de caramelo) para
cortar pequeños círculos en la masa. Colócalos en la bandeja dejando suficiente
espacio entre ellos. Pon un bombón de caramelo encima de cada uno con la parte
«plana» boca arriba.

5. Introduce la clara de huevo a punto de nieve en una manga pastelera y, usando una
boquilla redonda, cubre los bombones de
caramelo de abajo hacia arriba en espiral.
Hornéalos unos 18 minutos. Después, déjalos enfriar unos minutos en la bandeja. ¡Lo
ideal es disfrutar de los merengues calientes, con el relleno de bombón de caramelo
derretido y cremoso! ◆

Cerveza de mantequilla

Para 4 cervezas de mantequilla:

1 cucharadita de mantequilla

2 cucharadas de azúcar moreno

1 vaina de vainilla

500 ml de leche

100 ml de nata líquida

1 cucharada de canela

½ cucharada de cacao en polvo

½ paquete de azúcar avainillado

250 ml de cerveza de malta 0.0

1. Derrite la mantequilla en un cazo a baja temperatura. Añade el azúcar moreno sin dejar de remover hasta que caramelice.

2. Corta la vaina de vainilla a lo largo con un cuchillo afilado y raspa las semillas. Ponlas en un bol con la leche, la mitad de la nata líquida, la canela, el cacao en polvo y el azúcar avainillado y déjalo hervir a fuego lento. Retíralo del fuego y añade la cerveza de malta.

3. Vuelve a calentar la cerveza de mantequilla, pero sin que llegue a hervir, pues se formarían grumos. Retírala del fuego y déjala enfriar.

4. Mientras tanto, monta la nata.

5. Vierte la cerveza de mantequilla caliente en vasos resistentes al calor, decóralos con una cucharada de nata montada, y ¡listos para servir! ◆

Cartas vociferadoras de masa quebrada

**Para aprox.
5 cartas vociferadoras.**

Para la masa:

200 g de mantequilla fría
troceada

100 g de azúcar

1 chorro de zumo de limón

1 pizca de sal

1 huevo

300 g de harina

½ paquete de azúcar
avainillado

50 g de confitura de cereza

Para la decoración:

20 g de cobertura
de chocolate

Un poco de cacao en polvo

20 g de fondant rojo

1. Mezcla la mantequilla, el azúcar, el zumo de limón, la sal, el huevo y el azúcar avainillado en un bol con una batidora usando garfios amasadores. Añade la harina tamizada hasta conseguir una masa uniforme. Divídela en cuatro trozos del mismo tamaño, dales forma de «ladrillo», envuelve cada uno de ellos en film transparente y déjalos en la nevera por lo menos tres horas. Mientras tanto, precalienta el horno a 170 °C con calor superior/inferior y pon un papel de horno en una bandeja.

2. Saca la masa de la nevera y déjala reposar 10 minutos antes de trabajarla. Esparce un poco de harina sobre una superficie plana y extiende la masa en forma de cuadrado hasta que quede lo más fina posible. Coloca la plantilla y recorta la masa siguiendo la silueta. Presiónala un poco con el reverso de un cuchillo grande o una espátula lisa para que la forma rectangular quede más

Sigue en la página siguiente...

También necesitarás:

Un sobre de tamaño pequeño (por ejemplo, DIN C6) para usar como plantilla. Despega los pliegues del sobre y, una vez «abierto», colócalo sobre una cartulina, repasa la silueta con un rotulador permanente y recórtalo.

marcada. En la parte central, esparce una cucharada de confitura de cereza. A continuación, «cierra» los pliegues del sobre con cuidado. Puedes usar el sobre original como orientación, si lo necesitas.

3. Con cuidado, coloca el sobre de masa sobre una superficie lisa espolvoreada de harina y alísala con una espátula con ángulo. Repite el proceso con los demás sobres y, dejando suficiente espacio entre ellos, colócalos en la bandeja. Hornéalos unos 15-20 minutos. Sácalos del horno y déjalos enfriar del todo.

4. Cuando se hayan enfriado, dibuja los ojos de los vociferadores con fondant negro y las bocas con fondant rojo. Usa un poco de chocolate derretido para fijarlos. Finalmente, esparce un poco de polvo de cacao por encima usando un pincel para remarcar el contorno de los sobres. ◆

Grageas Bertie Bott de todos los sabores

Para aprox. 400 g de grageas.

Para la masa:

100 ml de agua, y dos cucharadas adicionales para la cobertura

100 ml de sirope de frutas (al gusto)

250 g de azúcar extrafino

8 g de gelatina molida

5 gotas de colorante alimentario (al gusto)

100 g de azúcar glas

También necesitarás:

Dos moldes de silicona para minihuevos de Pascua, termómetro para azúcar, espray de glaseado comestible

1. Pon 100 ml de agua, el sirope de frutas y el azúcar en un cazo y, sin dejar de remover, caliéntalo a fuego lento hasta que el azúcar se haya derretido por completo. A continuación, añade la gelatina y vuelve a remover.

2. Sin dejar de remover, deja la mezcla en el fuego hasta que el sirope de azúcar alcance los 110 °C (aprox. 20 minutos). Ve con cuidado: ¡el sirope quema y, si te salpica, podrías quemarte! Controla la temperatura con el termómetro.

3. Pon una capa abundante de espray de glaseado en cada molde de silicona.

4. Cuando el sirope haya alcanzado la temperatura indicada, añádele el colorante alimentario de tu color favorito y vierte la mezcla en los moldes de forma equitativa. Usa una cuchara para repartir bien el sirope en los moldes. Tápalos con film transparente y déjalos enfriar durante la noche.

Sigue en la página siguiente...

5. Mezcla el azúcar glas con dos cucharadas de agua en un cazo. Retira las «medias grageas» de los moldes, aplica este «esmalte» en la parte plana con un pincel para pegar dos mitades y formar una gragea entera. Repite el proceso y deja secar las grageas durante unos 30 minutos. Guárdalas en un recipiente hermético.

¡Con esta receta, puedes crear tus propias Grageas Bertie Bott de todos los sabores en tus colores y sabores favoritos! Ten en cuenta que deberás cambiar el tipo de sirope de frutas y el colorante cada vez que la prepares. ◆

Donuts de Dudley Dursley

Para aprox. 20 rosquillas:

200 ml de leche templada

80 g de azúcar

30 g de levadura fresca

500 g de harina
a temperatura ambiente

90 g de mantequilla

1 huevo

1 yema de huevo

¼ cucharadita de sal

2 l de aceite para freír

500 g de glaseado rosa

100 g de virutas de colores
para decorar

**También
necesitarás:**

Cortador para rosquillas
(aprox. 8-10 cm Ø)

1. Vierte 100 ml de leche en una cazuela pequeña. Añade una cucharadita de azúcar y la levadura fresca desmigajada, y no dejes de remover hasta que se hayan derretido.

2. Pon la harina en un bol grande y forma un agujero en el centro. Vierte la leche con la levadura en el agujero y mézclala con la harina con la mano. Al terminar, cubre el bol con un trapo de cocina limpio y déjalo reposar unos diez minutos a temperatura ambiente.

3. Añade la mantequilla, el huevo, la yema de huevo y la sal y mézclalo cinco minutos hasta conseguir una masa uniforme. Cúbrela con un trapo y déjala reposar 50 minutos a temperatura ambiente.

4. Pon papel de horno en dos bandejas.

Sigue en la página siguiente...

5. Espolvorea un poco de harina en una superficie lisa y extiende la masa con un rodillo hasta que tenga un grosor de aprox. 1 cm. Forma círculos con el cortador para rosquillas. Si no tienes uno, también puedes usar un vaso normal para darle forma y hacer el agujero con un vaso de chupito.

6. Coloca las rosquillas en la bandeja dejando suficiente espacio entre ellas y déjalas reposar unos 30 minutos.

7. Mientras tanto, calienta el aceite para freír (a unos 160 °C) y coloca papel de cocina absorbente en un plato. Fríe las rosquillas uno o dos minutos por cada lado hasta que queden doradas (¡pero no todas a la vez!). Retíralas del aceite con una espumadera y deja que el papel de cocina absorba el aceite sobrante.

8. Deja enfriar las rosquillas unos minutos antes de decorarlas a tu gusto con el glaseado y las virutas. ◆

Strudel de manzana líquido ¡CON ALCOHOL!

Para 10 chupitos:

50 g de nata montada

Un poco de hielo

100 ml de vodka

200 ml de zumo de manzana

100 ml de licor de vainilla

2 cucharadas de zumo de lima

Canela en polvo, a tu gusto

Oro comestible en polvo, a tu gusto

También necesitarás:

10 vasos de chupito grandes (de 4 cl)

1. Monta la nata en un bol pequeño con la batidora.

2. Llena ⅓ de una coctelera con hielo. Añade el vodka, el zumo de manzana, el licor de vainilla y el zumo de lima y agítalos durante unos 5-10 segundos.

3. Llena los vasos de chupito con el *strudel* de manzana líquido dejando aprox. 1 cm de margen en el borde.

4. Pon la nata montada dentro de una bolsa para congelar, corta una de las esquinas inferiores y decora la parte superior de los vasos con ella. Añade canela y oro comestible en polvo a tu gusto. Disfruta de los chupitos mientras estén fríos. ¡Salud!

Si no quieres complicarte la vida, también puedes usar nata montada en espray, pero ten en cuenta que se «derrite» más rápidamente que la nata fresca. ◆

Palomitas con cerveza de mantequilla

Para 4 raciones:

1 cucharada de aceite de colza

100 g de maíz para palomitas

100 g de azúcar

2 cucharadas de mantequilla

1-2 ml de extracto de vainilla

1. Pon el aceite de colza y el maíz a calentar en una cazuela mediana a fuego medio y no dejes de remover. Cuando el maíz empiece a explotar, cubre la cazuela con la tapa y reduce la temperatura del fuego. De vez en cuando, sacude la cazuela de un lado a otro agarrándola por las asas.

2. Cuando las palomitas estén listas, retíralas del fuego y abre la tapa. Pon las palomitas en un bol grande y déjalas enfriar.

3. Mientras tanto, pon el azúcar en un cazo pequeño y déjalo caramelizar a temperatura media y sin dejar de removerlo. Cuando se haya dorado, añade la mantequilla y el extracto de vainilla y mézclalo bien. Reduce la temperatura del fuego, vierte las palomitas en el caramelo de cerveza de mantequilla y sacude bien para que el caramelo quede repartido de forma equitativa.

4. Colócalas sobre una bandeja cubierta con papel de horno y déjalas enfriar antes de consumirlas. ◆

Gofres con sirope de cerveza de mantequilla

Para aprox. 10 gofres.

Para los gofres:

125 g de mantequilla a temperatura ambiente (alternativamente, margarina), y un poco más para engrasar la gofrera

80 g de azúcar

1 paquete de azúcar avainillado

3 huevos

1 pizca de sal

350 g de harina

1 paquete de levadura en polvo

250 ml de leche

Para preparar los gofres:

1. Pon la mantequilla, el azúcar, el azúcar avainillado, los huevos y la sal en un bol grande y mézclalos con una batidora.

2. En otro bol, pon la harina y la levadura en polvo y, sin dejar de mezclar, añade lentamente la leche.

3. Engrasa la plancha superior y la plancha inferior de la gofrera con un poco de mantequilla y déjala calentar.

4. Con un cucharón, vierte la cantidad necesaria de masa en la gofrera y asegúrate de que quede esparcida equitativamente. Cierra la gofrera y, siguiendo las instrucciones del fabricante, deja cocer el gofre hasta que quede dorado y crujiente. Retíralo con cuidado y, mientras esté caliente, vierte el sirope de mantequilla por encima (ver instrucciones más abajo).

Sigue en la página siguiente...

Para el sirope de cerveza de mantequilla:

200 g de azúcar

60 ml de cerveza de malta 0.0

180 g de nata

1 ml de aroma de vainilla

Semillas de vainilla (opcional)

También necesitarás:

Una gofrera

Para preparar el sirope de cerveza de mantequilla:

5. Pon el azúcar y la cerveza de malta en un cazo y remuévelos a fuego medio. Déjalo cocer hasta que el azúcar se haya derretido, el líquido se haya evaporado y solo quede un caramelo espeso.

6. Retíralo del fuego y, sin dejar de remover, añade la nata, el extracto de vainilla y, si quieres, las semillas de vainilla, y mézclalo todo. Deja enfriar el sirope unos minutos antes de usarlo. ◆

Flan de cerveza de mantequilla

Para aprox. 8 flanes.

Para el flan de cerveza de mantequilla:

2 paquetes de flan en polvo con sabor a caramelo

120 g de azúcar

800 ml de leche

200 g de nata montada

1-2 ml de extracto de vainilla

Para preparar los flanes:

1. Mezcla el azúcar y el flan en polvo en un bol.

2. En un bol aparte, mezcla la leche y la nata líquida. Añade como mínimo 6 cucharadas del flan en polvo azucarado y remuévelo.

3. Calienta la mezcla de leche y nata con un poco de extracto de vainilla a temperatura media en un cazo y remuévelo mientras se cuece. Retíralo del fuego, añade el flan en polvo y cuécelo un minuto más sin dejar de remover.

4. Pon la mezcla en un molde y déjala enfriar cuatro horas en la nevera. Para que el flan salga mejor, recomendamos mojar un poco el interior del molde con agua fría.

5. Con cuidado, vuelca el flan de cerveza de mantequilla en un plato y sírvelo con salsa de vainilla fría o caliente, a tu gusto (ver receta más abajo).

Sigue en la página siguiente...

FLAN DE CERVEZA DE MANTEQUILLA

Para la salsa de vainilla:

2 huevos

1 cucharadita bien cargada de maicena

200 ml de nata

400 ml de leche

3 cucharadas de azúcar

1 vaina de vainilla

También necesitarás:

Un molde para flan (capacidad de aprox. 1 l)

Para preparar la salsa de vainilla:

6. Bate los huevos con la batidora. Añade la maicena y la nata y mézclalo todo.

7. Pon leche, azúcar y las semillas de vainilla en un cazo y, sin dejar de remover, déjalo cocer a fuego medio. A continuación, añade la mezcla de nata y huevos con un batidor, remuévelo todo y déjalo cocer unos minutos.

8. Retira el cazo del fuego y deja enfriar la salsa unos minutos antes de servirla. Si quieres tomarla fría del todo, ponla una hora en la nevera. ◆

Copos de nieve glacial

Para aprox. 50 g de copos de nieve:

1 cucharadita de aceite de coco

4 gotas de extracto de menta (¡comestible!)

50 g de glucosa líquida

Para preparar la nieve:

1. Pon el aceite de coco en un bol y caliéntalo ligeramente en el microondas para que sea más líquido.

2. Añade el extracto de menta y mézclalo con el aceite de coco.

3. Pon la glucosa líquida en un bol aparte y vierte la mezcla de extracto de menta y aceite de coco muy lentamente hasta que forme una «nieve» consistente y algo grumosa. Déjala secar unos minutos.

4. Guárdala en un recipiente hermético. ◆

Helado de cerveza de mantequilla

Para 2-3 porciones:

200 g de azúcar

60 ml de cerveza de malta 0.0

180 g de nata montada

2 ml de extracto de vainilla

Semillas de vainilla, a tu gusto

Virutas de chocolate para decorar

Sirope de cerveza de mantequilla para decorar (ver pág. 44)

También necesitarás:

Máquina de hacer helados

1. Pon el azúcar y la cerveza de malta en un cazo y, sin dejar de remover, déjalos cocer a fuego medio hasta que el azúcar se haya derretido del todo, el líquido se haya evaporado y solo quede un caramelo espeso.

2. Retíralo del fuego y, sin dejar de remover, añade la nata, el extracto de vainilla y semillas de vainilla. Mézclalo todo hasta que quede una crema uniforme. Déjala enfriar unos minutos y luego ponla en la nevera unas 2 o 3 horas para que se enfríe del todo.

3. Mezcla bien la masa de cerveza de mantequilla, viértela en una heladera y sigue las instrucciones del fabricante para crear tu propio helado. Ponlo en un recipiente hermético y guárdalo en el congelador hasta que te lo vayas a comer.

4. Decora el helado a tu gusto con virutas de chocolate y/o sirope cerveza de mantequilla. ◆

Tarta de chocolate de la tía Petunia

Para 1 pastel:

Mantequilla para engrasar el interior del molde

200 g de harina de trigo

2 cucharadas de cacao en polvo

1 paquete de levadura en polvo

200 g de mantequilla a temperatura ambiente

175 g de azúcar

1 pizca de sal

4 huevos a temperatura ambiente

600 g de cerezas amargas confitadas, escurridas

100 g de virutas de chocolate

Azúcar glas

Grosellas frescas para decorar

1. Precalienta el horno a 180 °C con calor superior/inferior. Coloca papel de horno en la base de un molde desmontable y engrásalo con mantequilla.

2. Mezcla la harina de trigo, el cacao en polvo y la levadura en polvo en un bol.

3. Con una batidora, mezcla la mantequilla con azúcar y sal en un bol aparte hasta que alcance una consistencia cremosa. A continuación, añade los huevos uno a uno y bate la mezcla hasta que quede esponjosa. Añade la mezcla de cacao y harina y vuelve a batir al nivel más bajo hasta que sea una masa uniforme. Viértela en el molde, asegurándote de que la parte superior queda lisa, y hornéala 50 minutos o hasta que esté bien cocida por dentro (puedes comprobarlo clavando un palillo en el centro:

Sigue en la página siguiente...

También necesitarás:

Molde desmontable (aprox. 25 cm Ø)

si sale limpio, significa que ya está). Saca el pastel del horno y déjalo enfriar del todo dentro del molde.

4. Con mucho cuidado, retira el pastel del molde, espolvorea azúcar glas por encima y decóralo a tu gusto con grosellas frescas. ◆

Berlina
de mermelada

Para aprox. 12 berlinas.

Para la masa:

1 dado de levadura fresca

180 ml de leche templada

40 g de azúcar, y 100 g
adicionales para emborrizar
las berlinas una vez cocidas

10 g de sal

500 g de harina, y un poco
más para cubrir la superficie
de trabajo

50 g de mantequilla
a temperatura ambiente

2 huevos a temperatura
ambiente

Un poco de ralladura
de limón

Para preparar la masa:

1. Pon la levadura fresca en un bol con leche
   a temperatura ambiente, añade un poco de
   azúcar y remuévelo. Déjalo reposar unos
   10 minutos, hasta que la levadura empiece
   a fermentar.

2. Añade el resto de los ingredientes en la
   mezcla y amásalos hasta que quede una
   consistencia uniforme. Si fuera necesario,
   añade un poco de harina. Da forma de bola
   a la masa, cubre el bol con un trapo de cocina limpio y déjalo reposar a temperatura
   ambiente hasta que la masa haya doblado
   su volumen (aprox. 1 hora).

3. Espolvorea un poco de harina en una superficie lisa y vuelve a trabajar la masa.
   Divídela en doce bolitas de aprox. 50 g, colócalas en un plato liso, cúbrelas con un
   trapo y déjalas reposar unos 30 minutos a
   temperatura ambiente.

Sigue en la página siguiente...

BERLINA DE MERMELADA

Para el relleno:

50 g de mermelada de
arándano

50 g de confitura de cereza

100 g de confitura
de albaricoque

Colorante
alimentario verde

**También
necesitarás:**

Aceite para freír,
manga pastelera con una
boquilla larga y fina

4. Mientras tanto, pon aceite a calentar en
una freidora a 160 °C o, alternativamente, en una cazuela grande. Cuando el aceite
hierva, pon las berlinas con la ayuda de una
cuchara ranurada y dejando suficiente espacio entre ellas. No pongas más de tres
berlinas a freír a la vez para que la temperatura del aceite se mantenga estable. Déjalas
cocer por cada lado hasta que queden doradas y déjalas reposar sobre un plato
cubierto con papel de cocina para que se
absorba el aceite sobrante. Mientras todavía
estén calientes, hazlas rodar por un plato
plano con azúcar. Luego, déjalas enfriar del
todo y, cuando estén listas, inyéctales el relleno de confitura (ver más abajo).

Para preparar el relleno:

5. Pasa cada una de las mermeladas por un
colador y ponlas en boles separados. Usa
colorante verde con la mitad de la confitura de albaricoque. A continuación, usa una
manga pastelera con una boquilla redonda para inyectar tu confitura favorita en
las berlinas. Alterna los sabores para conseguir los colores de las cuatro casas de
Hogwarts. ◆

Pastel
de roca

Para aprox. 12 galletas:

225 g de harina

1 paquete de levadura
en polvo

110 g de mantequilla
muy fría

110 g de azúcar

1 cucharadita de canela

1 pizca de nuez moscada

1 pizca de sal

1 huevo

1-2 cucharadas de leche

100 g de pepitas de chocolate

1. Precalienta el horno a 180 °C. Pon una hoja de horno en una bandeja.

2. Pasa la harina por el tamiz y ponla en un bol junto a la levadura en polvo. Corta la mantequilla a dados pequeños y amásala con la mantequilla hasta que quede una masa uniforme. Añade el azúcar y las especias, y vuelve a mezclar.

3. Bate el huevo y añádelo a la masa. Si lo necesitas, también puedes ponerle un chorro de leche. Mézclalo todo con una espátula hasta que la masa adquiera una consistencia gruesa parecida al pan rallado. A continuación, añade las pepitas de chocolate.

4. Usando una cuchara, forma bolas del tamaño de pelotas de pimpón con la masa y colócalas en la bandeja. Deja aprox. 5 cm entre ellas. Hornéalas aprox. 17-20 minutos hasta que se doren. Retíralas del horno y déjalas enfriar en una bandeja de horno con reja. ◆

Muffins
de Hedwig

Para 12 muffins.

Para la masa:

30 g de mantequilla
a temperatura ambiente

120 g de crema de cacahuete

1 paquete de azúcar
avainillado

130 g azúcar moreno

2 huevos

1 pizca de sal

1 cucharadita de levadura
en polvo

130 g de harina

70 ml de leche

Para la crema:

130 g de mantequilla
a temperatura ambiente

130 g de azúcar glas

130 g de queso cremoso
para untar a temperatura
ambiente

1. Precalienta el horno a 180 °C con calor superior/inferior. Coloca 12 papelitos en un molde para muffins.

2. Mezcla la mantequilla, la crema de cacahuete, el azúcar avainillado y el azúcar moreno en un bol hasta que quede una masa esponjosa. Añade y bate los huevos de uno en uno y una pizca de sal.

3. Pon la levadura en polvo y la harina en un bol aparte y pásalas por el tamiz al añadirlas a la masa. A continuación, añade la leche y remueve hasta que la masa adquiera una textura cremosa. Viértela a partes iguales en el molde para muffins y hornéalo 20 minutos. Retira las magdalenas y déjalas enfriar completamente.

4. Mientras tanto, mezcla la mantequilla y azúcar glas hasta que quede una mezcla clara y esponjosa. Añade el queso cremoso, vuelve a mezclar y déjalo reposar 30 minutos en la nevera.

Sigue en la página siguiente...

MUFFINS DE HEDWIG

Para la decoración:

24 galletas de chocolate con relleno de vainilla (tipo Oreo)

24 pepitas de chocolate negro

12 pepitas de chocolate de color naranja

También necesitarás:

Molde para 12 muffins, papel para magdalenas

5. Retira las magdalenas del molde con cuidado.

6. Pon la crema fría en una manga pastelera y decora los muffins con ella.

7. Separa las galletas de modo que la crema de vainilla quede pegada solo a un lado. Corta por la mitad la otra galleta. Coloca las galletas enteras en las magdalenas con el relleno hacia arriba, y pon una pepita de chocolate negro en el centro para formar los ojos de la lechuza. Usa las galletas cortadas por la mitad para hacer las cejas y una pepita de chocolate de color naranja para hacer el pico. Déjalo secar un poco antes de servir. ◆

Amortentia
¡CON ALCOHOL!

Para 1 poción de amor:

2 frascos de azúcar brillante rosa

5 cl de zumo de limón recién exprimido, y un poco más para la decoración

5 cl de ginebra

1 cucharadita de granadina

1 clara de huevo

1 cucharadita de nata montada

Cubitos de hielo

1. Pon el azúcar brillante rosa en un plato pequeño y un poco de zumo de limón en otro. Con la copa boca abajo, moja el borde con el zumo de limón y luego apóyala en el azúcar para que este se pegue en el cristal. Déjalo secar unos minutos

2. En una coctelera, agita 5 cl de zumo de limón, la ginebra, la granadina, la clara de huevo, la nata y los cubitos de hielo durante unos 30 segundos. Se recomienda verter la mezcla en la copa con un embudo para no estropear la decoración. ¡Listo para servir! ◆

Caramelos de menta

**Para aprox. 50-80 carame-
los (según el tamaño):**

150 ml de agua

450 g de azúcar

80 g de glucosa líquida

3-4 gotas de extracto
de menta

Colorante
alimentario verde

Azúcar glas

**También
necesitarás:**

Termómetro para azúcar,
esterilla de silicona

1. Pon el agua, el azúcar y la glucosa líquida en una cazuela pequeña y remuévelo todo a fuego medio hasta que el azúcar se haya derretido completamente. A continuación, sube la intensidad del fuego y deja de remover. Controla la temperatura con un termómetro para azúcar hasta que alcance los 155 °C exactos. Retíralo del fuego y déjalo reposar.

2. Añade el extracto de menta y el colorante alimentario verde (según la intensidad que quieras darle).

3. Extiende la masa con cuidado en la esterilla de silicona. ¡Ve con cuidado, quema! Déjalo reposar 1-2 minutos para que sea más espeso. A continuación, marca los puntos por donde vas a cortar los caramelos con una espátula o con un cuchillo ligeramente engrasado con mantequilla o aceite.

Sigue en la página siguiente...

4. Deja que el caramelo se termine de enfriar sin cubrirlo. Cuando esté frío del todo, rómpelo con las manos.

5. Pon el azúcar glas en un bol y mézclalo con los caramelos para que queden recubiertos de azúcar. Consérvalos en un recipiente hermético. ◆

Dulce de azúcar
con sabor a cerveza
de mantequilla

Para aprox. 12 porciones:

25 g de mantequilla

100 ml de cerveza
de malta 0.0

150 g de azúcar

400 g de leche condensada

1 buena pizca de sal

**También
necesitarás:**

Un molde rectangular
lo más plano posible
(aprox. 23 × 29 cm)

1. Coloca papel de horno en el molde de forma que el papel sobresalga de los bordes. Úntalo con un poco de mantequilla.

2. Pon el resto de la mantequilla, la cerveza de malta y el azúcar en una cazuela pequeña y, sin dejar de remover, déjalos cocer a fuego medio. Añade la leche condensada y la sal y mézclalo todo con un batidor. Déjalo cocer unos 20 minutos, sin que llegue a hervir, y remueve la mezcla regularmente. ¡Vigila que no se queme!

3. Déjalo cocer hasta que quede una masa espesa y adquiera el color típico del caramelo. Cuando alcance una textura cremosa y espesa como la miel, viértela con cuidado en el molde. Extiende la masa para que quede lisa y déjala enfriar a temperatura ambiente (aprox. 3-4 horas).

Sigue en la página siguiente...

4. Antes de cortar el dulce de azúcar, déjalo aprox. 20 minutos en el congelador para que no se pegue. Retíralo del molde con cuidado, colócalo sobre una tabla de cortar y divídelo en pequeñas porciones con un cuchillo. Consérvalo en un recipiente hermético.

Si quieres darle un toque adicional al dulce de azúcar de cerveza de mantequilla, añade un chupito de ron a la masa. ◆

Poción matalobos
¡CON ALCOHOL!

Para 3-4 pociones:

50 ml de vodka

100 ml de curaçao

150 ml de zumo de arándano

50 ml de jarabe de granadina

75 ml de sirope de limón

Colorante alimentario negro (opcional)

Cubitos de hielo

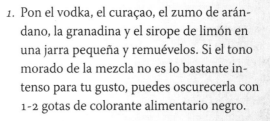

1. Pon el vodka, el curaçao, el zumo de arándano, la granadina y el sirope de limón en una jarra pequeña y remuévelos. Si el tono morado de la mezcla no es lo bastante intenso para tu gusto, puedes oscurecerla con 1-2 gotas de colorante alimentario negro.

2. Pon algunos cubitos de hielo en un vaso bajo del tipo Old Fashioned, llénalo con la poción matalobos y sírvela enseguida. ◆

Té de
Dumbledore

Para 4 o 5 teteras:

20 g de menta

10 g de hierbaluisa

10 g de orégano (flor y hojas)

10 g de mezcla de pétalos
(por ejemplo, flor de saúco,
de malva o de caléndula)

1 cucharada de regaliz
rallado

1 vaina de vainilla cortada
a trocitos

100 g de té negro

Miel (opcional)

1. Coloca una hoja de papel de horno en una bandeja y extiende la menta, la hierbaluisa, el orégano y la mezcla de pétalos en ella. Déjalo secar todo durante varios días en un lugar fresco y seco, o 3 horas en el horno a 60 °C. Corta las hojas y los pétalos con las manos, retirando los nervios y otras partes sobrantes.

2. Muele las hierbas y pétalos secos con un mortero. Los fragmentos deberían quedar gruesos.

3. Pon el regaliz rallado, la vaina de vainilla y el té negro en un bol. Añade las hojas y pétalos secos y mézclalo todo.

Sigue en la página siguiente...

4. Para preparar el té, pon 4-5 cucharaditas en una bola infusora de té e introdúcela en la tetera. Llena la tetera con agua hirviendo y deja infusionar el té máximo 5 minutos. Retira la bola y sirve el té inmediatamente. Puedes colar el té al verterlo en la taza para asegurarte de que no caen restos de hojas. También puedes endulzarlo con miel a tu gusto.

Si guardas la mezcla en una lata pequeña, se conserva durante varios meses. ◆

Zumo
de calabaza

**Para aproximadamente
2 l de zumo:**

500 g de calabaza cortada
a dados grandes

200 g de azúcar moreno

1½ l de agua

1 paquete de ácido cítrico

10 ml de aroma alimentario
de albaricoque

1 cucharada
de extracto de vainilla

Agua mineral (opcional)

**También
necesitarás:**

Dos botellas vacías
(de 1 l cada una)

1. Precalienta el horno a 175 °C. Coloca una hoja de papel de horno en una bandeja.

2. Envuelve los dados de calabaza con papel de aluminio, colócalos en la bandeja y hornéalos aprox. 20 minutos hasta que la calabaza quede blanda y se pueda pelar con facilidad. Pon los dados en un bol y tritúralos con una minipimer.

3. Mezcla el puré de calabaza con el azúcar y el agua en una cazuela grande. Ponlo a hervir a fuego lento y, sin dejar de remover, déjalo cocer unos 20 minutos sin que llegue a hervir. Añádele el ácido cítrico, el aroma de albaricoque y el extracto de vainilla. Mézclalo todo bien y vierte el zumo en dos botellas de 1 l (recomendamos enjuagarlas previamente con agua caliente). Cierra bien las botellas y ponlas en la nevera. Si está bien refrigerado, el zumo se puede consumir durante 3-4 días.

Sigue en la página siguiente...

ZUMO DE CALABAZA

4. Si el zumo se vuelve demasiado espeso, puedes reducirlo con agua mineral (con o sin gas) antes de consumirlo.

A diferencia de la mayoría de las recetas que puedes encontrar, este zumo de calabaza es dulce y sabe mejor frío. ◆

Piruletas de lechuza

Para aproximadamente 35 piruletas:

250 g de mantequilla a temperatura ambiente, y un poco más para engrasar el molde

150 g de azúcar

1 paquete de azúcar avainillado

1 pizca de sal

3 huevos

150 g de harina

2 cucharaditas de levadura en polvo

2 cucharadas de leche

125 g de queso cremoso para untar

250 g de chocolate blanco troceado

250 g de azúcar glas

4 cucharadas de agua

Para preparar el pastel:

1. Precalienta el horno a 180 °C con calor superior/inferior. Engrasa un molde con mantequilla.

2. Pon la mantequilla, el azúcar, el azúcar avainillado y la sal en un bol grande y mézclalos hasta que quede una masa cremosa. A continuación, añade los huevos de uno en uno y vuelve a mezclar.

3. Pon la harina y la levadura en polvo en un bol pequeño y, pasándolas por un tamiz, mézclalas con la masa. Añade la leche y trabaja la masa durante un minuto a una velocidad baja. Viértela en el molde, asegurándote de que quede bien esparcida y plana, y hornéala aprox. 45 minutos. Sácala del horno y déjala enfriar completamente.

Para preparar las piruletas de lechuza:

4. Recorta los bordes del pastel. Coloca el bizcocho en un bol grande y desmigájalo.

Sigue en la página siguiente...

Aprox. 35 palitos de piruletas, ojos de azúcar para decorar, rotulador alimentario naranja, rotulador alimentario blanco, soporte para piruletas

Añade el queso cremoso para untar y mézclalo todo con las manos.

5. Haz bolitas de aprox. 3-4 cm con la masa, da forma a las «orejas» de las lechuzas en la parte superior de las bolitas con los dedos y pon el palito para las piruletas en la parte inferior. Coloca las lechuzas en un plato plano grande con suficiente distancia entre ellas. Déjalas reposar una hora en la nevera.

6. Mientras tanto, derrite el chocolate blanco al baño María. Baña cada una de las lechuzas en el chocolate de modo que queden recubiertas por completo. Con cuidado, dales la vuelta para retirar el exceso y colócalas en el soporte para piruletas. Ponlas en la nevera hasta que el chocolate se enfríe del todo.

7. Cuando las lechuzas estén frías, pon azúcar glas en un bol pequeño, añádele agua poco a poco y remuévelo hasta que el azúcar se derrita. «Baña» las lechuzas dos veces en el glaseado hasta más o menos la mitad, para definir la cabeza y las alas. Déjalas secar 2-3 minutos en el soporte.

8. Pega los ojos de azúcar en el glaseado antes de que se seque del todo. Decora el resto de las piruletas a tu gusto con los rotuladores alimentarios de colores. ◆

Macarons de cerveza de mantequilla

Para aproximadamente 35-40 *macarons* (según el tamaño).

Para los *macarons*:

150 g de almendra molida

290 g de azúcar glas

30 g de cacao en polvo

135 g de clara de huevo (aprox. de 4-5 huevos, a temperatura ambiente)

1 pizca de sal

40 g de azúcar

Colorante alimentario marrón a tu gusto

Para preparar los *macarons*:

1. Mezcla la almendra molida con el azúcar glas y el cacao en polvo en un bol, pásala dos veces por un colador y retira los restos sólidos.

2. Bate las claras de huevo a punto de nieve con una pizca de sal. Añade el azúcar poco a poco y vuelve a batir hasta que quede una crema esponjosa y suave. Pon algunas gotas de colorante alimentario marrón para darle color. A continuación, mezcla las claras de huevo teñidas con la almendra molida con tres empujoncitos suaves hasta adquirir una masa homogénea y espesa. Asegúrate de que no quede líquida o demasiado densa.

3. Coloca un papel de horno sobre una bandeja. Pon la masa de *macarons* en una manga pastelera con una boquilla redonda gruesa y forma galletitas circulares del tamaño de una moneda sobre el papel. Déjalos reposar 30 minutos hasta que los *macarons* tengan una «película» en la superficie.

Sigue en la página siguiente...

Para el relleno de cerveza de mantequilla:

200 g de azúcar

100 g de mantequilla

100 g de nata montada

70 ml de cerveza de malta 0.0

½ cucharadita de sal a tu gusto

También necesitarás:

Manga pastelera con una boquilla redonda

4. Mientras tanto, precalienta el horno a 150 °C con calor superior/inferior.

5. Reduce la temperatura del horno a 145 °C y hornea los *macarons* aprox. 14-16 minutos.

6. Retira las placas de *macarons* del horno y con cuidado traslada el papel de horno de la bandeja a una superficie plana y fría. Deja enfriar los *macarons*. De esta manera, será más fácil despegarlos del papel de horno. Mientras tanto, prepara el relleno.

Para preparar el relleno:

7. Derrite el azúcar en una sartén a baja temperatura hasta que sea un caramelo dorado. Este proceso puede durar unos 15 minutos. ¡No remuevas el azúcar!

8. Corta la mantequilla en pedazos pequeños y añádelos de uno en uno al azúcar hasta que el caramelo adquiera una consistencia cremosa. Añade una pizca de sal y remueve el caramelo.

9. Pon la nata y la cerveza de malta a cocer en un cazo pequeño. ¡Cuidado: no debe hervir! Añade la masa de caramelo y mezcla. Déjalo cocer a fuego medio 2-3 minutos.

Sigue en la página siguiente...

Vierte la mezcla en un vaso, déjala enfriar un poco y guárdala en la nevera hasta que la necesites.

Para rellenar los *macarons* de cerveza de mantequilla:

10. Forma parejas de «tapas» de los *macarons*. Coloca una mitad con la parte plana boca arriba en una bandeja cubierta con papel de horno.

11. Introduce la crema de caramelo en una manga pastelera con una boquilla redonda y cubre la mitad «de abajo» de cada macaron. Tápala con la mitad «de arriba», presiónala suavemente para asegurarte de que está bien colocada. Repite este paso con cada *macaron* y, al terminar, guárdalos en un lugar seco, donde se conservarán uno o dos días. ◆

Pan de burbujas mágico

Para 1 pan de burbujas.

Para la masa:

500 g de harina

1 paquete de levadura fresca seca

1 cucharadita de sal

70 g de azúcar para la masa, más 2 cucharadas para espolvorear

2 cucharadas de aceite

300 ml de agua templada

40 g de mantequilla derretida, y un poco más para engrasar el molde

1 paquete de azúcar avainillado

1 cucharadita de canela

Para preparar la masa:

1. Mezcla la harina, la levadura seca y la sal, 70 g de azúcar y el aceite en un bol grande. Añade el agua y amasa todos los ingredientes por lo menos 10 minutos. Luego, cubre la masa con un trapo de cocina limpio y seco y déjala reposar 50 minutos a temperatura ambiente.

2. Engrasa un molde redondo o una bandeja de horno redonda con mantequilla abundante.

Para preparar la compota de manzana:

3. Pon los trozos de manzana, el zumo de limón, el zumo de manzana y el azúcar en una cazuela grande y, sin dejar de remover, déjalos cocer a fuego medio. Cuando empiece a hervir, baja la temperatura del fuego, cubre la cazuela con la tapa y deja que la compota se termine de cocer durante 15 minutos. Luego, retírala del fuego y déjala enfriar. Si prefieres servirla fría, guárdala en la nevera.

4. Precalienta el horno a 180 °C.

Sigue en la página siguiente...

PAN DE BURBUJAS MÁGICO

Para la compota de manzana:

800 g de manzanas ácidas peladas y cortadas a trozos pequeños

1 cucharada de zumo de limón

200 ml de zumo de manzana

2 cucharadas de azúcar

También necesitarás:

Una bandeja de horno redonda o un molde redondo (aprox. 28 cm Ø)

5. Mientras tanto, comprueba que la masa ha subido y vuelve a amasarla. A continuación, córtala en fragmentos de aprox. 15 g. Con ellos, haz bolitas del tamaño de una pelota de golf y colócalas en la bandeja o en el molde sin dejar espacio entre ellas. Cúbrelas y déjalas reposar 15 minutos.

6. Mezcla el azúcar avainillado, la canela y 2 cucharadas de azúcar en un bol pequeño.

7. Usando un pincel, barniza el pan de burbujas con abundante mantequilla derretida y espolvoréalo con la mezcla de azúcar y canela. Hornéalo aprox. 20-25 minutos hasta que quede dorado. Retíralo del horno y déjalo enfriar unos minutos. A continuación, retíralo del molde con cuidado.

8. Para darle un toque de sabor adicional, sirve el pan de burbujas con la compota de manzana. ◆

Caramelo
de la fiebre

Para 5-6 porciones:

Aceite vegetal

400 g de leche condensada

400 g de chocolate blanco para fundir a trozos

1 cucharadita de extracto de vainilla

Colorante alimentario azul

Lacasitos rojos

También necesitarás:

Molde cuadrado o rectangular (aprox. 18 × 18 cm)

1. Coloca papel de horno en un molde y úntalo con un poco de aceite.

2. Cuece la leche condensada en un cazo a fuego medio y, sin dejar de remover, añade el chocolate blanco hasta que se derrita y se convierta en una masa suave y homogénea. Luego, añade el extracto de vainilla y colorante alimentario azul (la cantidad necesaria para conseguir la intensidad de color que quieras).

3. Vierte el dulce de azúcar en el molde. Espárcelo bien con una espátula para que no queden huecos. Coloca los lacasitos rojos por encima de forma irregular y dejando espacio entre ellos. Pon la masa en la nevera y déjala enfriar aprox. 2 horas.

4. Saca el caramelo de la fiebre de la nevera, ponlo en una tabla de cortar y, con la ayuda de un cuchillo grande y afilado, córtala en trozos pequeños con la forma que prefieras. Guárdalos en un recipiente hermético. ◆

Pastel de merengue de la tía Petunia

Para 1 pastel.

Para las placas de merengue:

8 claras de huevo

2 cucharadas de zumo de limón

1 pizca de sal

350 g de azúcar

Para la crema:

400 g de nata montada fría

4 cucharadas de azúcar

2 paquetes de estabilizante para nata (Natafix)

Algunas gotas de colorante alimentario morado

Algunas gotas de colorante alimentario verde menta

Cerezas confitadas para decorar

Para preparar las placas de merengue:

1. Precalienta el horno a 100 °C.

2. Coloca un papel de horno sobre una superficie de trabajo plana y dibuja un círculo de aprox. 20 cm Ø y tres círculos de 15 cm Ø. A continuación, traslada el papel a una bandeja (o dos, si no tienes suficiente espacio) con las marcas boca arriba.

3. Mezcla las claras de huevo en un bol completamente seco a velocidad media hasta que queden espumosas. Añade el zumo de limón y la sal y, poco a poco, el azúcar. Monta las claras a punto de nieve. A continuación, pon la masa de merengue en una manga pastelera con una boquilla redonda grande y rellena los círculos que has dibujado en el papel de horno, asegurándote de que la masa quede bien repartida. Hornéalo por lo menos una hora o hasta que el merengue se solidifique y se pueda retirar fácilmente del papel. Mientras tanto, prepara el relleno.

Sigue en la página siguiente...

También necesitarás:

14 flores de fondant o mazapán moradas para decorar, manga pastelera con una boquilla redonda grande y una boquilla mediana con forma de estrella

Para preparar el relleno:

4. Monta la nata en un bol. En cuanto esté espumosa, añádele el azúcar avainillado y el estabilizante (Natafix) y continúa batiendo hasta que quede al punto de nieve. A continuación, añade los frutos rojos y cúbrelo todo con film transparente. Guárdalo en la nevera hasta que lo necesites.

Para preparar la crema:

5. Monta la nata en un bol aparte a velocidad media y, cuando esté espumosa, añádele el azúcar avainillado y el estabilizante (Natafix) y continúa batiendo hasta que quede al punto de nieve. A continuación, pon ¾ de la nata montada en un bol aparte y tíñela con colorante alimentario morado. Tiñe el resto de la nata montada de color verde menta. Pon cada una de las natas en mangas pasteleras con una boquilla mediana con forma de estrella.

Para unificarlo todo:

6. Coloca la placa de merengue en una bandeja redonda grande o en una fuente para pasteles. Pon un poco del relleno de frutas en el medio y repártelo de forma equitativa. Deja aprox. 5 centímetros del borde sin cubrir. Coloca una de las placas más pequeñas encima y cúbrela con el relleno de frutas dejando libres 5 centímetros del borde. Repite este paso con las otras placas de merengue.

7. Forma flores de crema verde y morada en los bordes de cada piso, alternando cada color y empezando por la capa de abajo. Decora el piso superior solo con crema morada. Coloca las cerezas confitadas para decorar en la base y en el piso superior, y reparte las flores moradas por toda la tarta. ¡Sírvela enseguida para disfrutarla mejor! ◆

Crema de caramelo y canela

Para aprox. 500 g de crema:

400 g de leche condensada

250 g de mantequilla
a temperatura ambiente

1 cucharada de azúcar de coco

2 cucharaditas de canela

**También
necesitarás:**

Tarro para conservas
con una capacidad de 500 ml

1. Coloca la lata de leche condensada en un cazo lleno de agua y déjala cocer a fuego medio. Reduce la temperatura y déjalo aprox. 3 minutos ½, pero sin que el agua llegue a hervir. Retira la lata del agua con unas pinzas de cocina y déjala enfriar del todo antes de abrirla. ¡Ve con cuidado: quema!

2. Mientras tanto, en un bol, bate la mantequilla con la batidora eléctrica. A continuación, añade el azúcar de coco, la canela y la leche condensada fría y mézclalo todo hasta adquirir una crema suave y homogénea. Viértela en un tarro para conservas. Recomendamos que laves primero el tarro con agua caliente.

3. Si la guardas en la nevera, se conservará unas 2-3 semanas. ◆

Caramelo longuilinguo

Para aprox. 5-6 personas:

Aprox. 25 galletas saladas rectangulares

220 g de mantequilla

200 g de azúcar

350 g de chocolate blanco troceado

Pepitas de chocolate de colores

Virutas de colores

1. Coloca una hoja de papel de horno en una bandeja pequeña y precalienta el horno a 170 °C con calor superior/inferior.

2. Reparte las galletas por la bandeja sin dejar espacio entre ellas. Si te sobra espacio en los bordes, rellénalos con trozos de galletitas para que no quede ningún espacio vacío.

3. Pon la mantequilla y el azúcar en un cazo pequeño y déjalo cocer dos minutos a fuego medio sin dejar de remover.

4. Extiende la mezcla de mantequilla y azúcar de forma equitativa por encima de las galletas y hornéalas aprox. 10 minutos. Pasado este tiempo, sácalas y déjalas enfriar unos minutos.

Sigue en la página siguiente...

5. Mientras tanto, derrite el chocolate blanco al baño María en un bol pequeño. ¡Ten cuidado de que la parte inferior del bol no toque el agua! A continuación, extiende el chocolate de forma equitativa por encima de las galletas de *toffee*; usa una espátula para que quede bien repartido. Decora la superficie con pepitas de chocolate y virutas de colores a tu gusto y déjala enfriar.

6. Corta el caramelo longuilinguo con un cuchillo afilado en tantos trozos como quieras. Consérvalo en un recipiente hermético. ◆

Pastel de calabaza de la señora Weasley

Para 1 pastel:

Mantequilla para engrasar el molde

250 g de harina, y un poco más para espolvorear en el molde

4 huevos

230 g de azúcar

250 ml de aceite neutro

1 cucharadita de canela

400 g de zanahorias frescas ralladas

100 g de almendra molida

100 g de avellana molida

2 cucharaditas de levadura en polvo

300 g de queso cremoso para untar

1 chorrito de zumo de limón

100 g de azúcar glas

Extracto de vainilla, a tu gusto

Pistachos triturados para decorar

1. Engrasa el interior de un molde desmontable con mantequilla y espolvorea un poco de harina para que la masa no se pegue. Precalienta el horno a 180 °C con calor superior/inferior.

2. Bate los huevos junto al azúcar, el aceite y la canela con una batidora hasta conseguir una crema suave.

3. Guarda dos cucharadas de zanahoria rallada para la decoración y mezcla el resto con la crema. Añade también la almendra y la avellana rallada.

4. Pon la harina y la levadura en polvo en un bol aparte y mézclalas con la crema.

5. Vierte la masa en el molde y cuécela aprox. 45-50 minutos en el horno, o hasta que puedas pinchar un palillo en el centro del pastel y sacarlo limpio. A continuación, retira la masa del horno y déjala enfriar en el molde.

Sigue en la página siguiente...

También necesitarás:

Un molde desmontable (aprox. 28 cm Ø)

6. Mientras tanto, mezcla el queso cremoso para untar con el zumo de limón en un bol pequeño y ve añadiendo el azúcar glas poco a poco para hacer el glaseado. Para finalizar, puedes añadir también un poco de extracto de vainilla a tu gusto.

7. Saca el pastel del molde.

8. Pon el glaseado en una bolsa para congelados, corta una de las esquinas y extiende el glaseado de manera uniforme por el pastel. Decóralo con los restos de zanahoria rallada y los pistachos. ¡Listo para servir! ◆

El mejor chicle de Drooble

Para aprox. 200 g de chicle:

120 g de goma base

20 g de sirope de glucosa

1 cucharadita de ácido cítrico

8-10 gotas de aroma alimentario natural de tu sabor favorito

36 g de glicerina (de la farmacia)

Colorante alimentario azul

140 g de azúcar glas tamizado, y un poco más para recubrir los chicles

1. Mezcla la goma base con el sirope de glucosa, el ácido cítrico y el aroma de tu sabor favorito en un bol de plástico y caliéntalo todo 30 segundos en el microondas a 1.000 vatios o, alternativamente, al baño María, hasta que la goma base se haya derretido del todo.

2. Añade la glicerina y el colorante alimentario y mézclalo bien hasta que la masa adquiera un tono azul. Añade el azúcar glas y amasa con las manos hasta que el azúcar esté bien integrado. Si puedes, usa guantes de plástico de un solo uso, porque la masa es muy pegajosa.

3. Extiende la masa en una superficie lisa. Córtala en trocitos pequeños y dales forma de bola con las manos. Recúbrelos de azúcar glas. Es importante hacer este paso rápidamente, pues la masa de chicle se vuelve difícil de trabajar cuando se enfría.

Sigue en la página siguiente...

4. Si los conservas en un recipiente hermético, puedes consumirlos durante varios meses.

Seguramente te será más fácil encontrar la goma base en internet. ◆

Caramelos de limón de Dumbledore

Para aprox. 400 g de caramelos:

Aceite neutral para la placa de mármol

300 g de azúcar

150 g de glucosa líquida

100 ml de agua

2 cucharaditas de ácido ascórbico

15 gotas de aceite esencial de limón

Colorante alimentario amarillo

1 pizca abundante de azúcar glas

1. Unta la placa de mármol con aceite.

2. Pon el azúcar, la glucosa líquida y el agua en un cazo pequeño y cuécelos a fuego alto. Ve con cuidado durante este paso, porque el azúcar está muy caliente y, si te salpica, podría provocarte quemaduras graves. Controla la temperatura con un termómetro para azúcar y sigue calentando la masa hasta que alcance los 155 °C (aprox. 10 minutos).

3. A continuación, extiende la masa de azúcar por la placa de mármol. Ve con cuidado de que no caiga por los bordes. Al mismo tiempo, separa el azúcar de la placa con la ayuda de una espátula y amásalo. Añade el ácido ascórbico, el aceite esencial de limón y el colorante alimentario a la masa y mézclalo todo.

4. Cuando la masa de caramelo se haya enfriado, ya no es peligroso tocarla. Forma

Sigue en la página siguiente...

CARAMELOS DE LIMÓN DE DUMBLEDORE

También necesitarás:

Termómetro para azúcar, una placa de mármol grande (aprox. 50 × 35 cm)

tiras finas con las manos y córtalas a trocitos pequeños (más o menos del tamaño de una canica) con unas tijeras de cocina. Guárdalos en una bolsa para congelados junto azúcar glas, ciérrala bien y sacúdela hasta que los caramelos estén cubiertos del todo. De este modo, no se pegarán entre ellos.

5. Si guardas los caramelos favoritos de Dumbledore en un recipiente hermético, se conservarán 1 o 2 meses.

¡Es más fácil trabajar la masa de azúcar a cuatro manos que a solas! Pide a alguien que te ayude a preparar esta receta. ◆

Profiteroles de crema canaria

Para aprox. 10-12 profiteroles.

Para la masa:

125 ml de agua

25 g de mantequilla

5 g de harina

15 g de maicena

2 huevos

1 pizca de levadura en polvo

Para la masa:

400 g de nata

2 paquetes de estabilizante para nata (Natafix)

30 g de azúcar glas

1 paquete de azúcar avainillado

Zumo de ½ limón

Colorante alimentario amarillo

1. Precalienta el horno a 200 °C con calor superior/inferior. Coloca una hoja de papel de horno en una bandeja.

2. Pon el agua a cocer con la mantequilla en un cazo pequeño. Retírala del fuego.

3. Mezcla la harina y la maicena en un bol y añádelas a la mantequilla derretida. Trabájalo todo hasta que quede una masa uniforme y cuécela un minuto sin dejar de removerla.

4. Vierte la masa en un bol para mezclar. Añade los huevos de uno en uno y bátelos con la batidora a máxima velocidad usando varillas amasadoras. Luego añade la levadura en polvo.

5. Pon la masa en la manga pastelera y forma 10-12 profiteroles en la bandeja usando la boquilla con forma de estrella y dejando suficiente espacio entre ellos. Hornéalos aprox. 20 minutos. Mientras se cuecen, ¡no

Sigue en la página siguiente...

PROFITEROLES DE CREMA CANARIA

También necesitarás:

Manga pastelera con una boquilla grande con forma de estrella y otra para rellenar

abras la puerta del horno! Los profiteroles se podrían deshinchar.

6. Cuando terminen de cocerse, saca los profiteroles del horno inmediatamente. Haz un pequeño corte en la parte superior para crear una «tapa» y déjalos enfriar del todo.

7. Mientras tanto, prepara la crema para el relleno. Pon la nata, el estabilizante para nata, el azúcar glas, el azúcar avainillado, el zumo de limón y el colorante alimentario amarillo en un bol y mézclalo todo con la batidora al punto de nieve. Cuando los profiteroles se hayan enfriado, pon la crema en una manga pastelera con una boquilla alargada e inyéctala en los profiteroles por donde has hecho el corte. ◆

Snitch dorada

Para los *macarons*:

45 g de almendra molida

75 g de azúcar glas

36 g de clara de huevo
(aprox. 1 clara de huevo)

10 g de azúcar

Pasta colorante amarilla

Para el *ganache*:

100 g de chocolate negro
troceado

1 cucharadita de piel de
naranja rallada

100 ml de nata

24 tiras de caramelo
masticable, cortadas en
forma de alas

También necesitarás:

Oro comestible en polvo,
manga pastelera
con boquilla redonda

1. Pon la almendra rallada y el azúcar glas en un vaso alargado y tritúralos con la minipimer hasta que queden lo más finos posible. Pásalo dos veces por un colador.

2. Pesa la clara de huevo y móntala con la batidora. En cuanto esté espumosa, añade el azúcar y continúa batiendo hasta que quede a punto de nieve. A continuación, añade el colorante alimentario y vuelve a batir durante aprox. 1 minuto. Ponlo todo en un bol grande, añade la mezcla de azúcar y almendra poco a poco y remuévelo con cuidado hasta que quede una masa espesa y uniforme. Ponla en una manga pastelera con la boquilla redonda.

3. Coloca una hoja de papel de horno en una bandeja. Con la manga pastelera, forma las tapas de los *macarons* sobre el papel dejando aprox. 2 cm de distancia entre ellas. Cuando termines, da unos golpecitos suaves a la parte inferior de la bandeja para

Sigue en la página siguiente...

que no queden bolsas de aire en la masa. Déjalo reposar 30 minutos.

4. Mientras tanto, precalienta el horno a 150 °C con calor superior/inferior. Cuando metas la bandeja, reduce la temperatura a 145 °C y deja cocer los *macarons* unos 12-14 minutos. Después, retíralos y déjalos enfriar sobre la bandeja.

5. Mientras tanto, pon el chocolate en un bol. Cuece la ralladura de naranja y la nata en un cazo pequeño a fuego medio sin dejar de remover, y luego viértelo sobre el chocolate. Déjalo reposar dos minutos. A continuación, remuévelo hasta que no queden grumos. Deja enfriar el *ganache* en la nevera por lo menos una hora. Cuando esté frío, vuelve a removerlo y ponlo en una manga pastelera con la boquilla que prefieras.

6. Despega los *macarons* del papel de horno y extiende la mitad de ellos boca arriba en una superficie plana. Cubre la superficie con el *ganache* y pega un caramelo cortado en forma de ala al lado izquierdo y otro al lado derecho, de modo que se aguanten gracias al *ganache*. Luego, tapa el *macaron* con la otra mitad y presiónala suavemente. Déjalos enfriar en la nevera durante la noche y, antes de servirlos, esparce el oro comestible en polvo por la superficie del *macaron* con un pincel. Guárdalos en un lugar seco y fresco para disfrutarlos durante 5-7 días. ◆

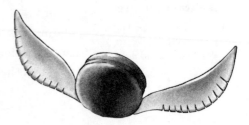

Tarta
de melaza

Para 1 tarta.

Para la base de la tarta:

250 g de harina, y un poco
más para espolvorear
tu zona de trabajo

2 cucharadas de azúcar glas

Ralladura de 1 limón

1 pizca de sal

175 g de mantequilla fría
cortada a dados

1 yema de huevo

1-2 cucharadas de agua
muy fría

Para el relleno:

600 ml de almíbar

1 pizca de jengibre rallado

150 g de pan rallado

Ralladura y zumo de 1 limón

1 huevo batido

Para preparar la base de la tarta:

1. Pon la harina, el azúcar glas, la ralladura de limón y la sal en un bol. Añade los dados de mantequilla y mézclalo todo hasta que la masa adquiera una consistencia parecida al pan rallado. A continuación, añade la yema de huevo y dos cucharadas de agua muy fría y amásalo con las manos en una superficie lisa espolvoreada de harina. Dale forma de bola, envuélvela en film transparente y déjala reposar 30 minutos en la nevera.

2. Corta ⅓ de la masa, envuélvela con film transparente y guárdala en la nevera. Pon el resto de la masa en una superficie lisa espolvoreada de harina y extiéndela con el rodillo hasta que tenga un diámetro de aprox. 30 cm y un grosor de aprox. 5 mm. Luego, colócala en el molde de forma que quede bien esparcida y no haya espacios vacíos. Si quedan huecos, rellénalos con un

Sigue en la página siguiente...

TARTA DE MELAZA

También necesitarás:

Molde para tarta (aprox. 25 cm Ø), alubias u otro tipo de legumbre seca para cocer la masa

poco más de masa. Cuando esté bien extendida, pincha la base un par de veces con un tenedor y déjala reposar en la nevera 30 minutos.

3. Mientras tanto, precalienta el horno a 190 °C con la bandeja dentro.

4. Cubre la base de la tarta con papel de horno y pon alubias u otro tipo de legumbre seca por encima. Horneála 15 minutos, retira el papel y las legumbres y vuelve a hornear la masa en el horno unos 5 minutos adicionales o hasta que esté dorada.

5. Extiende el resto de la masa con un rodillo hasta que tenga un diámetro de aprox. 25 cm y un grosor de aprox. 2-3 mm. Luego, córtala a tiras finas.

Para preparar el relleno:

6. Pon el almíbar y el jengibre rallado en un cazo pequeño y cuécelos a fuego lento, pero sin que llegue a hervir. Añade el pan rallado, la ralladura de limón, el zumo de limón y un huevo batido y mézclalo bien. Viértelo en la base de la tarta y asegúrate de que queda bien repartida.

Sigue en la página siguiente...

7. Cubre la base con las tiras de masa formando el dibujo de una reja. Para ello, empieza con una tira en la esquina de un papel de horno y coloca las otras tiras cruzándolas por encima y por debajo, como si hicieras una trenza. Al terminar, traslada el «entramado» a la parte superior de la base de la tarta y, con mucho cuidado, retira el papel de horno. Es más sencillo hacerlo así que colocando las tiras directamente en la tarta, pues corres el riesgo de que se caigan en el relleno.

8. Hornea la tarta aprox. 30-35 minutos, hasta que el relleno se haya cocido y la masa se haya dorado. Sácala del horno y déjala enfriar aprox. 15 minutos sobre una rejilla de horno. Luego, retírala del molde con cuidado y sírvela mientras todavía esté caliente. ◆

Piña cristalizada

Para cualquier cantidad de piña cristalizada:

1 piña (aprox. 1 kg)

1 l de agua

1 kg de azúcar

Zumo de 1 limón

Un poco de azúcar refinado extra

1. Con la ayuda de un cuchillo afilado o de un cortador de piña, pélala y retira la parte central más dura. Corta la piña en rodajas, y estas, en pequeños bocados. Ponlos en una cazuela pequeña llena de agua y cuécelos a fuego medio aprox. 18-20 minutos removiéndolos constantemente y sin dejar que el agua llegue a hervir. Retira los trocitos de piña con una espumadera, déjalos escurrir del todo en un colador y, luego, ponlos en un bol grande.

2. Añade 250 g de azúcar y el zumo de limón en el agua del cazo y déjala cocer aprox. 3 minutos. Retírala del fuego, déjala enfriar un poco y viértela en el bol con la piña. Tápalo con un plato del revés, de modo que todos los pedazos de piña queden bien cubiertos por el líquido. Déjalo reposar 24 horas.

3. Retira los trocitos de piña del bol y escúrrelos con un colador. Pon el zumo en un

Sigue en la página siguiente...

cazo, añádele 100 g de azúcar y déjalo cocer aprox. 2 minutos sin dejar de remover. Retíralo del fuego y déjalo enfriar. Vuelve a cubrirlo con el plato y déjalo reposar 24 horas.

4. Repite el paso 3 al día siguiente.

5. Repítelo otra vez al día siguiente y el día subsiguiente, pero esta vez añade 150 g de azúcar.

6. Repítelo un día más, pero esta vez añade 250 g de azúcar. Déjalo reposar 48 horas.

7. Pon los trozos de piña con el sirope en un cazo. Déjalo cocer aprox. 5 minutos a fuego medio sin dejar de remover y sin que llegue a hervir.

8. Mientras tanto, cubre una bandeja de horno con papel de aluminio y pon una reja de horno por encima. Precalienta el horno a 100 °C.

9. Con cuidado, retira los trozos de piña del cazo y déjalos escurrir en la reja del horno. Hornéalos un par de horas. Al terminar, apaga el horno y deja los trozos de piña dentro para que se enfríen.

10. Pon el azúcar refinado sobrante en un plato hondo grande y úsalo para recubrir los trocitos de piña, que ya estarán fríos pero todavía algo pegajosos. Guárdalos en un recipiente hermético. Si usas un poco de papel parafinado, evitarás que se peguen entre ellos. De este modo, puedes conservarlos hasta 4 semanas. ◆

Gateau de chocolate

Para 1 pastel.

Para la masa:

250 g de mantequilla a temperatura ambiente, y un poco más para engrasar el molde

200 g de azúcar

1 pizca de sal

1 paquete de azúcar avainillado

3 huevos

200 g de nata agria

200 g de harina de trigo

6 cucharadas de cacao en polvo

3 cucharaditas de levadura en polvo

4 cucharadas de leche

100 g de virutas de chocolate negro

1. Precalienta el horno a 180 °C con calor superior/inferior y engrasa el molde con mantequilla.

2. Mezcla la mantequilla, el azúcar, la sal y el azúcar avainillado en un bol hasta que quede una masa cremosa. Añade los huevos de uno en uno y bátelos. A continuación, añade la nata agria y mézclalo todo otra vez.

3. Pon la harina, el cacao en polvo y la levadura en polvo en un bol aparte. Añádela junto a la leche a la masa de mantequilla y mézclalo todo. Tras esparcir las virutas de chocolate en la masa, ponla en el molde, asegurándote de que queda bien repartida. Hornéala aprox. 45 minutos. Luego, retírala y déjala enfriar.

4. Mientras tanto, prepara la crema de mantequilla. Para ello, pon el chocolate y la nata

Sigue en la página siguiente...

Para la crema de mantequilla:

150 ml de nata

200 g de chocolate negro troceado

100 g de mantequilla a temperatura ambiente

80 g de azúcar glas tamizado

3 cucharadas de cacao en polvo tamizado

1 cucharadita de extracto de vainilla

Si lo necesitas, un poco de leche templada

Para decorar:

3 cucharadas de virutas de chocolate

También necesitarás:

Molde desmontable (aprox. 20 cm Ø)

en un cazo pequeño y cuécelos a fuego medio sin dejar de remover.

5. Pon el chocolate en un bol pequeño y vierte la nata caliente por encima. Déjalo reposar unos minutos y, a continuación, mézclalo con la batidora hasta obtener un *ganache* cremoso. Resérvalo y déjalo enfriar a temperatura ambiente.

6. Mientras tanto, en un bol aparte, mezcla la mantequilla, el azúcar glas, el cacao en polvo y el extracto de vainilla con la batidora eléctrica a la mínima velocidad. Sin dejar de remover, añade el *ganache* hasta que la crema adquiera un tono más claro y una consistencia más esponjosa. Entonces, bátelo a la máxima velocidad durante unos 5 minutos. Si la crema se vuelve demasiado espesa, puedes añadirle un poco de leche.

7. Esparce la crema de mantequilla por toda la superficie del pastel y decóralo a tu gusto con virutas de chocolate. ◆

Galletas de jengibre

Para aprox. 25 galletas:

220 g de mantequilla a temperatura ambiente

140 g de azúcar moreno

1 cucharadita de jengibre fresco rallado

350 g de harina

½ paquete de levadura en polvo

50 g de jengibre escarchado picado

1. Precalienta el horno a 200 °C con calor superior/inferior. Coloca una hoja de papel de horno en una bandeja.

2. Mezcla la mantequilla a temperatura ambiente con el azúcar moreno en un bol grande hasta que adquiera una consistencia cremosa. Pon la harina y la levadura en polvo en un bol aparte y, pasándolas por un tamiz, añádelas a la crema de mantequilla. Añade el jengibre y amásalo todo con las manos.

3. Forma aprox. 25 bolitas del tamaño de una nuez con la masa, colócalas en la bandeja y aplánalas con un tenedor húmedo o con las manos hasta que las galletas tengan un grosor de aprox. 1 cm. Cuece las galletas en el horno unos 12-15 minutos, hasta que queden doradas. Retíralas del horno y déjalas enfriar en una rejilla. ◆

Caramelos de hipo

Para aprox. 25 caramelos:

120 g de mantequilla a temperatura ambiente

160 g de azúcar

2 huevos a temperatura ambiente

240 g de harina

1½ cucharadita de levadura en polvo

1 pizca de sal

150 g de nata agria

Aprox. 170 g de crema de limón estilo *lemon curd*

20 g de caramelo carbonatado

300 g de chocolate blanco a trozos

Azúcar brillante para decorar

1. Precalienta el horno a 180 °C con calor superior/inferior. Coloca papel de horno en un molde desmontable.

2. Pon la mantequilla y el azúcar en un bol y mézclalos con la batidora hasta que quede una masa cremosa y blanquecina. Añade los huevos y vuelve a batir.

3. Pon la levadura en polvo y la sal en un bol aparte de harina, añade la nata agria y mézclalo todo. Vierte la masa en el molde y hornéala aprox. 40 minutos, o hasta que puedas pincharla con un palillo y sacarlo limpio. A continuación, retírala del horno y déjala enfriar del todo dentro del molde.

4. Retira el pastel del molde y desmigájalo en un bol grande. Mézclalo con el *lemon curd* y amásalo con las manos. Luego, forma bolitas del tamaño de pelotas de golf con la masa. ¡Asegúrate de que no está demasiado húmeda! Pon un poco de caramelo

Sigue en la página siguiente...

CARAMELOS DE HIPO

También necesitarás:

Molde desmontable (aprox. 20 cm Ø)

carbonatado en el interior de las bolitas y ciérralas bien. Colócalas en un plato plano grande y ponlas unos 20 minutos en el congelador.

5. Mientras tanto, derrite el chocolate blanco al baño María. Saca las bolitas del congelador y, usando dos tenedores, báñalas en el chocolate. Escúrrelas un poco y déjalas secar en una rejilla o en una bandeja cubierta con papel de horno. Antes de que el chocolate se seque del todo, decora las bolitas con el azúcar brillante. Guárdalas en la nevera para que terminen de secarse.

6. Consérvalas en un recipiente hermético. ◆

Pastel de carne picada ¡CON ALCOHOL!

Para 8 pasteles.

Para la masa quebrada:

260 g de mantequilla a temperatura ambiente, y un poco más para engrasar el molde

375 g de harina, y un poco más para espolvorear en el molde

125 g de azúcar

1 pizca de sal

2 huevos

Azúcar glas

También necesitarás:

Cortador para galletas redondo (aprox. 10 cm Ø), cortador para galletas redondo (aprox. 8 cm Ø), sellos de silicona con los escudos de las casas de Hogwarts, molde para 8 muffins

1. Pon la mezcla de fruta seca troceada, las pasas, la ralladura de naranja, el azúcar moreno, la canela, el jengibre y el clavo molido en un bol y mézclalo todo con el ron, el extracto de almendra, el extracto de vainilla y la miel. Tápalo con film transparente y déjalo reposar por lo menos 12 horas en la nevera.

2. Pon la mantequilla y la harina en un bol, añade el azúcar, la sal y un huevo y mézclalo todo con la batidora de varillas para amasar hasta que quede una masa suave. Tápala con un trapo de cocina limpio y ponla 10 minutos en la nevera.

3. Engrasa el molde para muffins con mantequilla y espolvorea un poco de harina por encima. Precalienta el horno a 220 °C.

4. Espolvorea un poco de harina en una superficie plana y extiende la masa con el rodillo hasta que quede lo más fina posi-

Sigue en la página siguiente...

ble (aprox. 3 mm). Corta 8 círculos con un cortador para galletas redondo lo bastante grandes para llenar los hoyos del molde para muffins. Con cuidado, pon los círculos de masa en el molde y presiónalos ligeramente con los dedos para que se ajusten a él. Vuelve a amasar y extender el resto de la masa, corta 8 nuevos círculos (esta vez, más pequeños) y márcalos con los sellos de las casas de Hogwarts.

5. Pon la mezcla de fruta seca en el molde como relleno de los pastelitos, tapa cada uno con la masa estampada y presiona con suavidad los bordes para que queden bien cerrados. Bate el segundo huevo en un bol y úsalo para barnizar la parte superior de los pastelitos de carne. Hornéalos unos 20 minutos. Cuando los saques, déjalos enfriar un poco y espolvorea un poco de azúcar glas por encima. Se pueden servir calientes o fríos, como más te guste. ◆

Monedas de chocolate de Gringotts

Para aprox. 20 monedas:

200 g de chocolate negro para fundir

2-3 gotas de extracto de naranja

Purpurina comestible dorada

1. Trocea el chocolate para fundir, ponlo en un bol y derrítelo al baño María a fuego medio sin dejar de remover. Comprueba la temperatura con un termómetro para azúcar: cuando llegue a los 45 °C, retira el chocolate del fuego y, removiéndolo, déjalo enfriar hasta los 26-28 °C. Vuelve a ponerlo al baño María hasta que alcance los 31-32 °C. Con este proceso, las monedas tendrán un brillo especial y una textura más consistente.

2. Añade algunas gotas de extracto de naranja en el chocolate y remuévelo.

3. Coloca una hoja de papel de horno en una bandeja o una tabla lisa. Con la ayuda de una cuchara, vierte el chocolate dibujando círculos del mismo tamaño, y déjalos secar.

Sigue en la página siguiente...

También necesitarás:

Termómetro para azúcar, molde de silicona para hacer monedas (si es posible), papel de aluminio dorado (opcional)

Alternativamente, si tienes un molde de silicona, rellena los hoyos con el chocolate y déjalo enfriar. Decora las monedas con purpurina comestible dorada antes de que el chocolate se enfríe del todo.

¡Causarás una mayor sensación si envuelves las monedas en papel de aluminio dorado! ◆

Ron de grosella
¡CON ALCOHOL!

Para aprox. 700 ml de ron:

500 g de grosellas frescas
500 g de azúcar piedra
1 macis
1 anís estrellado
½ vaina de vainilla
sin semillas
700 ml de ron blanco

1. Lava las grosellas y sepáralas del tallo. Ponlas en un recipiente lo bastante grande junto al azúcar piedra. Lava el recipiente con agua caliente antes de empezar.

2. Añade la macis, el anís estrellado y la media vaina de vainilla sin semillas. Llena el recipiente con ron blanco y sacúdelo con cuidado para que los ingredientes se mezclen.

3. Cierra bien el recipiente y guárdalo en un lugar fresco y oscuro durante cuatro semanas. Cada 3-4 días, sacúdelo con fuerza para que el azúcar piedra se disuelva del todo.

4. Cuando hayan pasado las cuatro semanas, prueba el ron de grosella. Si quieres que tenga un sabor más intenso, déjalo reposar algunos días más.

5. Para terminar, pasa el ron de grosella por un colador y viértelo en una botella o vasija limpia. Vuelve a poner la macis, el anís es-

Sigue en la página siguiente...

RON DE GROSELLA

Recipiente con capacidad para mín. 1 l de líquido

trellado y la vaina de vainilla, así como los restos de grosella, en el ron. ¡Y a disfrutar!

Si quieres tomar un atajo y ahorrarte trabajo, puedes sustituir la grosella y el azúcar piedra por 250 ml de sirope de grosella (ver pág. 199). De este modo, ¡el tiempo de preparación se reduce a la mitad! ◆

Helado de chile de Florean Fortescue

Para aprox. 8 porciones de helado:

160 g de nata para café

40 g de leche

1 vaina de vainilla y sus semillas

200 g de nata azucarada

60 g de azúcar blanco

20 g de azúcar glas

1 paquete de azúcar avainillado

2-3 de colorante alimentario rosa

Un poco de chile en polvo (o azúcar brillante rojo)

1. Pon la nata para café, la leche y las semillas de vainilla en un cazo pequeño y déjalas cocer a fuego medio sin dejar de remover. Retíralo del fuego y déjalo enfriar.

2. Mientras tanto, monta la nata con el azúcar blanco, el azúcar glas y el azúcar avainillado en un bol pequeño, aumentando la velocidad paulatinamente: es decir, empieza poco a poco y sube un nivel cada 30 segundos hasta que la nata quede compacta y puedas formar «montes» que se aguantan solos.

3. En cuanto la leche avainillada se haya enfriado, añade la nata azucarada y el colorante alimentario y mézclalo todo. Ponlo en un recipiente y déjalo reposar varias horas en el congelador (idealmente, durante toda la noche). Durante este periodo, remuévelo de vez en cuando para que el helado se mantenga cremoso.

Sigue en la página siguiente...

4. Antes de servirlo, sácalo del congelador, ponlo en pequeños boles o tazas y esparce un poco de chile en polvo por encima.

Los *muggles* más valientes usan el chile en polvo como acompañamiento. Los demás (sobre todo Ron, a quien, como sabrás, no le gusta el picante), usan azúcar brillante rojo como alternativa. ◆

Quinquefle

Para 4 porciones.

**Para el pastel
de chocolate:**

150 g de harina de trigo

150 g de avellana rallada

2 cucharaditas
de levadura en polvo

1 pizca de sal

50 g de cacao en polvo

80 g de virutas de chocolate

300 g de mantequilla
a temperatura ambiente

180 g de azúcar

5 huevos

Para la salsa de cereza:

1 tarro de compota de cereza
(680 g peso neto escurrido)

400 ml de zumo de cereza

1 paquete de flan en polvo

1 cucharada de azúcar
moreno

1 cucharada de kirsch

1. Para preparar el pastel de chocolate: Precalienta el horno a 180 °C con calor superior/inferior. Engrasa el interior de un molde rectangular con mantequilla y espolvorea algo de harina para que la masa no se pegue. Pon las avellanas, la harina, la levadura en polvo, la sal y el cacao en polvo en un bol. Mezcla la mantequilla y el azúcar con una batidora, añade los huevos de uno en uno y bátelos. Luego, añade la mezcla de cacao y harina y mézclalo todo. Para terminar, pon algunas virutas de chocolate en la masa y viértela en el molde. Cuécela entre 50 y 60 minutos en el horno. Retírala, déjala enfriar en el molde y desmigájala con las manos, dejando trozos bastante grandes.

2. Para preparar la salsa de cereza: Pasa las cerezas por el colador y guarda el jugo en un bol aparte. Ponlo en un vaso medidor y riégalo con 550 ml de zumo de cereza «preparado». Mézclalo bien, reserva 3 cucharadas generosas y pon el resto a cocer a

Sigue en la página siguiente...

Para la crema de mascarpone y yogur:

200 g de mascarpone

150 g de yogur

50 g de azúcar glas tamizado

150 ml de nata montada

Para la salsa de cereza:

1 tarro de compota de cereza (680 g peso neto escurrido)

400 ml de zumo de cereza

1 paquete de flan en polvo

1 cucharada de azúcar moreno

1 cucharada de kirsch

Para la nata montada:

50 ml de nata azucarada refrigerada

30 g de azúcar glas

1 cucharada de azúcar avainillado

Colorante alimentario rosa

Para el acompañamiento:

200 g de frutos rojos mixtos (por ejemplo: frambuesas, arándanos o moras)

100 g de azúcar glas tamizado

También necesitarás:

Cuatro jarras de cerveza, dos mangas pasteleras con boquilla (12 mm Ø), molde rectangular alto (aprox. 28 cm)

fuego medio en un cazo. Añade el azúcar y el licor kirsch y remuévelo hasta que quede una masa uniforme. En cuanto empiece a hervir, retíralo del fuego y mézclalo con el flan en polvo. Cuécelo un momento, retíralo del fuego, añade las cerezas y vuelve a remover. Déjalo enfriar y guárdalo en la nevera.

3. Para preparar la crema de mascarpone: Mezcla el mascarpone y el yogur con el azúcar glas hasta que quede una masa uniforme. Añade la nata, remuévelo e introdúcelo todo en una manga pastelera.

4. Para preparar la nata montada: Pon la nata en un bol y bátela junto al azúcar glas, el azúcar avainillado y el colorante alimentario y móntala con la batidora. Ponla en una manga pastelera.

5. Cuando todos los elementos estén listos, prepara las varias capas del quinquefle. Empieza llenando la jarra con el pastel de chocolate desmigajado. Crea una capa de crema de mascarpone y yogur por encima con la manga pastelera, seguida de la salsa de cerezas. Cúbrela con una capa adicional de pastel de chocolate y corónalo con la nata montada. Decóralo con frutos rojos frescos y azúcar glas, ¡y a disfrutar! ◆

Pudin de Navidad

¡CON ALCOHOL!

Para 1 pudin de Navidad (aprox. 5-6 porciones):

70 g de ciruelas secas

175 g de pasas

2 cucharadas de ron

1 manzana

50 g de cáscara de cidra confitada

50 g de naranja confitada a dados

60 g de pan rallado, y un poco más para espolvorear en el molde

50 g de harina

50 g de mantequilla o margarina, y un poco más para engrasar el molde

35 g de azúcar moreno

Zumo y ralladura de un limón fresco

2 huevos

1. Corta las ciruelas secas a dados pequeños, ponlas en un bol con las pasas y báñalas en ron. Déjalas reposar unos 30 minutos.

2. Mientras tanto, pela la manzana, quítale las semillas y córtala en pequeños dados.

3. Pon la cáscara de cidra confitada, la naranja confitada a dados, el pan rallado, la harina, la mantequilla, el azúcar moreno, la peladura de limón, el zumo de limón, los huevos, las especies y la avellana molida en un bol grande. Mézclalo todo con la batidora usando las varillas para amasar. Finalmente, añade las ciruelas y las pasas y vuelve a remover.

4. Pon agua abundante en una cazuela y hiérvela. Reduce la temperatura para que se mantenga en ebullición.

Sigue en la página siguiente...

PUDIN DE NAVIDAD

Una pizca de pimienta molida, una de nuez moscada,
una de clavo, una de canela y una de jengibre

50 g de avellana molida

Salsa de vainilla para servir

También necesitarás:

Molde para flan con tapa (capacidad para 800 ml)

5. Vierte la masa del pudin en un molde engrasado con mantequilla y espolvoreado con pan rallado, asegurándote de que se esparce bien y no quedan huecos. Cierra bien el molde y ponlo 2½ horas al baño María. Si el agua se evapora demasiado, pon más.

6. Retira el molde para flan del agua y déjalo reposar 10 minutos. Luego, retira el pudin del molde con cuidado y vuélcalo en un plato para dejarlo enfriar del todo.

7. Sírvelo con salsa de vainilla como decoración. ◆

Mandrágora

Para 10 mandrágoras.

Para las magdalenas:

300 g de harina

80 g de cacao en polvo

1 cucharadita de levadura en polvo

1 cucharadita de bicarbonato de sodio

1 pizca de sal

100 g de mantequilla a temperatura ambiente

220 g de azúcar

1 cucharadita de extracto de vainilla

2 huevos

250 ml de suero de mantequilla

150 g de chocolate negro troceado

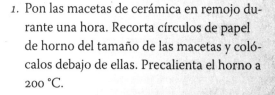

1. Pon las macetas de cerámica en remojo durante una hora. Recorta círculos de papel de horno del tamaño de las macetas y colócalos debajo de ellas. Precalienta el horno a 200 °C.

2. Mezcla la harina, el cacao, la levadura en polvo, el bicarbonato de sodio y la sal en un bol pequeño. En un bol grande aparte, mezcla la mantequilla, el azúcar y el extracto de vainilla con la batidora. A continuación, añade los huevos de uno en uno y bátelo todo hasta que quede una masa espumosa. Luego, mézclalo con el suero de mantequilla.

3. Mezcla los ingredientes secos del bol pequeño con la crema de mantequilla. Pon una parte de la masa en los papeles para magdalenas. Mezcla los trozos de chocolate en el resto y llena las macetas. Pon tanto las macetas como las magdalenas en el horno aprox. 25 minutos. Sácalas del horno y déjalas en-

Sigue en la página siguiente...

Para la mandrágora:

400 g de masa de mazapán

Un poco de cacao en polvo

20 hojas de hierbas aromáticas (por ejemplo, albahaca o menta)

Para el glaseado de chocolate:

150 g de queso cremoso para untar

15 g de azúcar glas

1 cucharada abundante de cacao en polvo

También necesitarás:

3 papeles para magdalenas, 10 macetas de cerámica pequeñas

friar del todo. A continuación, retira el papel de las magdalenas y desmigájalas en un bol.

4. Corta el mazapán en diez trozos del mismo tamaño y dales forma de mandrágora. Aplasta un poco la parte inferior y dale «carácter». Usa un cuchillo para marcar algunas ranuras, palillos para dibujarles los ojos, una cuchara para la boca y, si quieres, hazle brazos más o menos extendidos con la masa. Para darle un efecto más realista, cubre el mazapán con cacao en polvo. Para terminar, pincha un palillo en cada «cabeza» para colocar algunas hojas comestibles frescas. Guarda las mandrágoras en la nevera.

5. Mezcla el queso cremoso para untar, el azúcar glas y el cacao en polvo en un bol pequeño hasta que quede una masa uniforme. Cubre la parte superior de las magdalenas de las macetas con el glaseado, «planta» las mandrágoras y rodéalas con «tierra» hecha de migajas de magdalena. Coloca las hojas comestibles en los palillos. ¡Perfecto! ◆

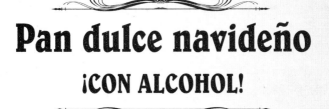

Pan dulce navideño
¡CON ALCOHOL!

Para 1 pan navideño.

Para la masa:

150 g de pasas

½ cucharadita de ralladura de limón

50 g de naranja confitada a dados

50 g de cáscara de cidra confitada

60 ml de ron

50 g de almendra molida

425 g de harina

½ dado de levadura fresca

75 ml de leche templada

50 g de azúcar

100 g de mantequilla

1 huevo

1 paquete de azúcar avainillado

½ pizca de sal

½ cucharadita de canela

¼ cucharadita de cardamomo

¼ cucharadita de nuez moscada

1. Mezcla las pasas, la ralladura de limón, la naranja confitada a dados, la cáscara de cidra confitada, el ron y la avellana rallada en un bol grande. Déjalo reposar por lo menos una hora, idealmente durante la noche.

2. Pon la harina y la levadura fresca a migajas en un bol grande. Añade 2 cucharadas de leche templada y una pizca de azúcar, y remuévelo. Tápalo con un trapo de cocina limpio y deja subir la masa durante 30 minutos a temperatura ambiente.

3. Añade la mantequilla cortada a trozos pequeños a la harina. Luego, los huevos de uno en uno, el resto del azúcar, el azúcar avainillado, la sal, la canela, el cardamomo y la nuez moscada. Mézclalo todo durante 10 minutos con la batidora de varillas para amasar a la máxima velocidad. Durante el proceso, añade el resto de la leche poco a poco. Al terminar, esparce la mezcla de frutos secos y vuelve a amasar. Tápalo con

Sigue en la página siguiente...

Para decorar:

40 g de mantequilla
75 g de azúcar glas

un trapo de cocina limpio y déjalo reposar otros 30 minutos hasta que la masa suba.

4. Cubre una bandeja para horno primero con papel de aluminio y luego con papel para horno.

5. Trabaja la masa un poco antes de extenderla, dándole forma de pan alargado. Alisa ligeramente la parte central con el rodillo y dobla la masa sobre sí misma a lo largo. Luego, dale forma con las manos. Colócala sobre la bandeja, tápala y déjala reposar 30 minutos. Mientras tanto, precalienta el horno a 200 °C con el ventilador.

6. Pon el pan en el horno durante aprox. 40-45 minutos. Cuando hayan pasado 30 minutos, reduce la temperatura a 180 °C. Si la superficie del pan se quema, tápalo con papel de aluminio hasta que se termine de cocer.

7. Mientras tanto, derrite 40 g de mantequilla en un cazo pequeño a baja temperatura. Saca el pan dulce del horno y barnízalo inmediatamente con la mantequilla. Déjalo enfriar un poco, vuelve a cubrirlo de mantequilla y con abundante azúcar glas. Antes de servirlo, es mejor dejarlo reposar 24 horas. ◆

Pastelitos con forma de caldero

Para aprox. 10-12 calderos:

150 g de mantequilla a temperatura ambiente, y un poco más para engrasar el molde

125 g de azúcar

1 paquete de azúcar avainillado

1 pizca de sal

3 huevos

250 g de harina

½ paquete de levadura en polvo

150 ml de leche

2 cucharaditas de cacao en polvo

400 g de chocolate con leche troceado

Para la decoración:

Pepitas de chocolate blanco

Perlas de azúcar

1. Precalienta el horno a 180 °C con calor superior/inferior. Engrasa los hoyos para los muffins del molde con mantequilla.

2. Pon la mantequilla, el azúcar, el azúcar avainillado y la sal en un bol y mézclalos con una batidora. Añade los huevos de uno en uno y vuelve a batir.

3. En un bol aparte, mezcla la harina y la levadura en polvo y añádelas poco a poco a la masa, así como la leche (en total, 125 ml). Mézclalo todo y llena el molde para muffins con ¾ partes de la masa.

4. Mezcla el resto de la masa con la leche sobrante y el cacao en polvo. Reparte de forma equitativa la masa de chocolate en los moldes para muffins. Usa un tenedor para mezclar las dos masas. Luego, hornea las magdalenas aprox. 25-30 minutos. Retíralas cuando, al pinchar un palillo en el centro, lo saques limpio. Déjalas enfriar del todo en el molde.

Sigue en la página siguiente...

PASTELITOS CON FORMA DE CALDERO

También necesitarás:

Molde para 12 muffins, manga pastelera con una boquilla redonda fina

5. Cuando las magdalenas se hayan enfriado, retíralas del molde y colócalas boca abajo en una superficie plana. (Si fuera necesario, corta la «base» con un cuchillo afilado para que los «calderos» se sostengan mejor.) Usa un cuchillo y una cuchara para formar la apertura del caldero en la base de la magdalena, de forma que tenga una profundad de aprox. 1-2 cm. Ve con cuidado y asegúrate de que la «pared» del caldero quede intacta.

6. Pon el chocolate en un cazo pequeño y derrítelo al baño María. Pon la mitad en una manga pastelera con una boquilla redonda fina. Coloca una hoja de papel de horno en una bandeja y dibuja las asas de los calderos con el chocolate. Para ello, recomendamos que dibujes círculos en el papel de horno (dos por cada magdalena). Deja enfriar el chocolate.

7. Mientras tanto, baña aprox. ⅓ de la parte de abajo de los calderos en el chocolate derretido y déjalos secar en una bandeja cubierta con papel de horno. Cubre el borde del caldero con el chocolate de la manga pastelera para que las «asas» se peguen mejor. Cuando se haya enfriado todo, decora los calderos con perlas de azúcar y pepitas de chocolate. ◆

Píldoras
ácidas

Para aprox. 1 kg de píldoras:

750 g de tu fruta favorita
(por ejemplo, frambuesas,
fresas, naranjas)

100 ml de agua

650 g de azúcar

Colorante alimentario
(opcional)

2 cucharadas de maicena

2 cucharadas de azúcar glas

Un poco de mantequilla
para engrasar el molde

Zumo de 1 limón

1. Lava bien la fruta que has escogido y, si es necesario, quítale el rabillo. Ponla en una cazuela llena de agua y cuécela a fuego medio. Cuando el agua empiece a hervir, reduce la temperatura y deja la fruta 10 minutos más, hasta que se haya ablandado. Escúrrela bien en un colador y luego vuelve a poner la fruta en la cazuela.

2. Añade 500 g de azúcar y déjalo cocer todo a fuego medio mientras lo mezclas con una batidora. En este punto, si lo deseas, puedes poner unas gotas de colorante alimentario de tu color favorito. En cuanto la mezcla adquiera la consistencia de un puré de frutas espeso que no se queda pegado en el fondo de la cazuela, retíralo del fuego y resérvalo.

3. Mezcla la maicena y el azúcar glas en un bol pequeño.

Sigue en la página siguiente...

También necesitarás:

2-3 moldes de silicona para caramelos

4. Engrasa los moldes de silicona para caramelos con un poco de mantequilla y espolvoréalos con la mezcla de maicena y azúcar glas. (Si no tienes varios moldes, repite el siguiente paso las veces que sea necesario.) Extiende la masa de fruta en cada molde y déjala enfriar aprox. 2-3 horas en la nevera.

5. Retira las masas de gominola de sus respectivos moldes, humedece el lado plano con un poco de agua y junta las dos mitades. Déjalos secar unos minutos.

6. Mientras tanto, prepara el azúcar de limón. Para ello, pon el azúcar que te ha sobrado en un bol pequeño y mézclalo con el zumo de limón. Úsalo para recubrir las gominolas.

7. Consérvalas en un recipiente hermético para poder disfrutar de ellas varias semanas. ◆

Algodón de azúcar

Para 1 porción:

2 cucharadas de azúcar

Colorante alimentario de tu color favorito

2 gotas de tu aroma favorito (por ejemplo, de vainilla, de frambuesa, de cereza, etc.)

También necesitarás:

Máquina para hacer algodón de azúcar, palitos para algodón de azúcar

1. Precalienta la máquina para hacer algodón de azúcar según las instrucciones del fabricante.

2. Mientras tanto, tiñe el azúcar con el colorante alimentario de tu color favorito y añádele un aroma. Aquí el único límite es tu fantasía: ¡puedes mezclar tantos colores y sabores como quieras! Lo único que hay que tener en cuenta es no pasarse de cantidad.

3. Cuando la máquina se haya calentado, llénala de azúcar y sigue las instrucciones del fabricante para formar el algodón. Pasado aprox. 1 minuto, en cuanto se hayan formado los primeros hilos de azúcar, sostén un palito en el interior de la máquina y, con movimientos circulares, cúbrelo con el azúcar hasta conseguir una «nube» oval más o menos uniforme, sin parar hasta que ya no se formen más hilos (aprox. 2-3 minutos). Consúmelo lo más rápido posible. ◆

Ponche de huevo
¡CON ALCOHOL!

Para 8 tazas / 1 botella (1 l):

8 yemas de huevo

150 g de azúcar

½ cucharada de canela,
y un poco más para decorar

2-3 cucharadas de zumo
de limón

100 g de nata

800 ml de vino blanco seco

4 cucharadas de ron

**También
necesitarás:**

Botella con tapón
y con capacidad para 1 l
(opcional)

1. Mezcla las yemas de huevo, el azúcar, la canela y el zumo de limón en un bol con la batidora aprox. 10 minutos hasta que quede una masa esponjosa.

2. En un bol aparte, monta la nata.

3. Pon la crema de huevo en una cazuela alta. Añade el vino blanco y el ron y mézclalo todo. Sin dejar de remover, cuécelo a fuego lento con cuidado de que no se queme o se pegue en el fondo. Vuelve a batir la masa antes de verterlo en las tazas o, si quieres tomar el ponche frío, en una botella lo bastante grande (recomendamos enjuagarla primero con agua caliente). En este caso, guarda el ponche en la nevera.

4. Tanto si lo tomas frío como caliente, decora el ponche de huevo con un montoncito de nata montada y espolvoréalo con canela antes de servirlo.

Esta receta también se puede preparar sin alcohol. Para ello, usa la misma cantidad de leche entera en lugar del vino blanco y sustituye el ron por té negro. ◆

Manjar blanco

Para 4 porciones:

5 láminas de gelatina neutra

250 ml de leche

65 g de almendra molida

20 g de azúcar,
y 5 cucharadas adicionales

½ vaina de vainilla

250 g de nata montada

2 gotas de esencia de almendra amarga (comestible)

300 g de frambuesas

1 cucharada de zumo de limón

Hojas de menta frescas para decorar

1. Ablanda las láminas de gelatina en un bol pequeño lleno de agua.

2. Pon la leche, las almendras, 5 cucharadas de azúcar y la vaina de vainilla en una cazuela pequeña a fuego medio y cuécelo sin dejar de remover. Retíralo del fuego y déjalo reposar 10 minutos. Luego, cuélalo. Añade la nata montada y la esencia de almendra amarga y mézclalo todo.

3. Con cuidado, escurre la gelatina y añádela a la crema de vainilla y almendras. Remuévelo hasta que la gelatina se haya derretido. Vierte la mezcla en vasos y déjala enfriar por lo menos 3 horas en la nevera.

4. Mientras tanto, prepara la salsa de frambuesas: ponlas en un cazo pequeño junto a 20 g de azúcar y el zumo de limón y, sin dejar de remover, cuécelas a fuego medio. Retíralas del fuego y déjalas enfriar. Luego, pásalas por un colador.

5. Cuando la crema esté fría, decórala a tu gusto con la salsa de frambuesas y algunas hojas de menta. ◆

Galletas *shortbread* de cerveza de mantequilla

Para aprox. 20 galletas:

125 g de mantequilla a temperatura ambiente, y un poco más para engrasar el molde

40 g de azúcar

25 g de azúcar glas, y un poco más para espolvorear por encima

225 g de harina

1 pizca de sal

1 cucharada de agua de rosas

Sirope de cerveza de mantequilla (ver pág. 44)

También necesitarás:

Molde regulable (aprox. 25 × 25 cm)

1. Mezcla la mantequilla y el azúcar con la batidora eléctrica en un bol hasta adquirir consistencia cremosa.

2. Añade el azúcar glas, la harina, la sal y el agua de rosas y mézclalo con la batidora usando las varillas de amasar. Cuando la masa quede uniforme, dale forma de bola con las manos y envuélvela en film transparente. Déjala reposar 30 minutos en la nevera.

3. Precalienta el horno a 160 °C con calor superior/inferior. Coloca una hoja de papel de horno en una bandeja.

4. Engrasa el molde con mantequilla. Retira la masa de la nevera, quítale el film transparente y colócala en el molde de forma que tenga un grosor de aproximadamente un

Sigue en la página siguiente...

dedo. Aplánala con el reverso de un tenedor y hornéala aprox. 30 minutos.

5. Saca la masa del horno y no retires el molde hasta que se haya enfriado del todo. Colócala en una tabla de madera y córtala a trozos alargados del tamaño de un dedo con un cuchillo grande y afilado.

6. Unta el sirope de cerveza de mantequilla en la superficie de la mitad del *shortbread* y cubre los trozos con el resto de la masa. Luego, espolvoréalos con abundante azúcar glas.

7. Guárdalos en un recipiente hermético para que se conserven durante varios días. ◆

Poción mágica

¡CON ALCOHOL!

Para 1 poción mágica:

Hielo triturado

30 ml de vodka

60 ml de cerveza de jengibre

60 ml de jugo de tamarindo

2-3 rodajas de jengibre fresco

1 anís estrellado

Menta fresca
para decorar

1. Pon un poco de hielo triturado en una jarra pequeña o una taza de cobre.

2. Vierte el vodka, la cerveza de jengibre y el jugo de tamarindo por encima del hielo. Añade las rodajas de jengibre y el anís estrellado, remuévelo con cuidado y decóralo con algunas hojas de menta fresca.

Seguramente encontrarás el jugo de tamarindo en tiendas especializadas o en internet. De forma alternativa, también puedes usar pasta de tamarindo como sustituta del jugo. En ese caso, primero debes diluir una cucharada de pasta de tamarindo en 50 ml de agua antes de usarla como ingrediente de la poción. ◆

Acromántulas de chocolate

Para 5 acromántulas:

200 g de chocolate negro para fundir troceado

30-40 palitos con escamas de sal

5 bombones tipo beso de moza (grandes o pequeños)

10 ojos de azúcar para decorar (a tu gusto)

1. Coloca un papel de horno en una bandeja o una tabla de madera.

2. Pon el chocolate para fundir en un bol y derrítelo al baño María. Ten cuidado de que la base del bol no toque el agua.

3. Rompe los palitos salados de tal manera que quede un trozo considerablemente más largo que el otro. Vuelve a juntar los trozos con el chocolate para que parezcan patas de araña. Colócalas en la bandeja, cubre la parte superior completamente con el chocolate. Da forma a «articulación» con los dedos hasta conseguir el ángulo deseado. Cuando estén secas, da la vuelta a las «patas» y cubre el dorso con el chocolate. Déjalas secar.

Sigue en la página siguiente...

4. Ahora prepara los besos de moza. Para ello, calienta un poco la punta de un cuchillo o de un abrelatas y haz agujeros en los puntos donde irán las patas de la araña (tres por cada lado). A continuación, coloca las patas en los agujeros por el lado corto y séllalas con el chocolate fundido. Pon la bandeja en la nevera para que el chocolate se seque del todo.

5. Vuelve a derretir el chocolate que haya sobrado y, usando un pincel de cocina, «pinta» las acromántulas con él para darles un poco más de estructura. Para finalizar, pega los ojos de azúcar con un poco de chocolate para que no se caigan. Déjalo enfriar en la nevera hasta la hora de servirlo. ◆

Varita mágica de regaliz

Para 10 varitas:

50 caramelos de regaliz

1. Deja que los caramelos de regaliz se ablanden aprox. 1-2 horas a temperatura ambiente antes de trabajar con ellos para que sea más fácil amasarlos. Si, pasado este periodo de tiempo, siguen demasiado rígidos, puedes usar el calor corporal de tus manos para que se derritan ligeramente. Si todavía no es suficiente, puedes hornearlos unos minutos a la mínima temperatura.

2. Cuando los caramelos sean lo bastante flexibles para moldearlos, haz cinco bolitas con ellos. Con las manos, dales forma alargada hasta que alcancen los 15-20 cm. Trabaja la masa con los dedos hasta conseguir el diseño deseado para la varita y el «mango».

3. Deja las varitas en un lugar fresco para que se sequen (¡pero no en la nevera!).

4. Consérvalas en un recipiente hermético en un lugar fresco.

5. Si no te gusta el regaliz, puedes hacer las varitas con caramelo cremoso sin ningún tipo de problema. El procedimiento es exactamente el mismo. ◆

Helado de limón

Para 4 helados:

2 limones

250 ml de agua

20 g de azúcar

3 cucharadas de jarabe de saúco

También necesitarás:

4 moldes para polos helados

1. Lava los limones, córtalos por la mitad y sácales la pulpa con una cuchara. Tira las cáscaras.

2. Pon la pulpa de limón en un vaso para triturar junto con el agua, el azúcar y el jarabe de saúco y pásalo por la minipimer.

3. Llena los moldes para polos helados de forma equitativa y ponlos en el congelador toda la noche. ◆

Animagos

Para 4-5 porciones:

250 g de chocolate negro para fundir troceado

200 g de chocolate con leche troceado

270 g de aceite de coco

2 huevos

60 g de azúcar glas

2 cucharadas de cacao en polvo

150 g de galletas de mantequilla

25 g de chocolate blanco fundido para decorar

También necesitarás:

Molde regulable (aprox. 30 × 10 cm)

1. Cubre el molde regulable con film transparente.

2. Pon el chocolate negro y el chocolate con leche en un bol junto al aceite de coco y derrítelo al baño María a fuego lento sin dejar de remover. Asegúrate de que el bol no toque el agua. Mézclalo bien y déjalo enfriar un poco.

3. En un bol aparte, mezcla los huevos, el azúcar glas y el cacao en polvo con la batidora eléctrica hasta que quede una masa esponjosa. Añade el chocolate y remuévelo otra vez.

4. Pon una capa fina y uniforme de la masa de chocolate templada en el molde regulable y una capa de galletas de mantequilla por encima. Repite el proceso tantas veces como sea necesario hasta que el molde esté lleno. Déjalo enfriar por lo menos 3-4 horas (idealmente durante la noche en la nevera).

Sigue en la página siguiente...

5. Con cuidado, vuelca el pastel en una bandeja o un plato para servir y retira el molde y el film transparente.

6. Derrite el chocolate blanco al baño María y ponlo dentro de una bolsa para congelados. Corta una de las esquinas a modo de manga pastelera y decora la superficie del pastel a tu gusto. Deja enfriar el chocolate unos minutos y, a continuación, corta el pastel a rebanadas no muy gruesas con un cuchillo grande y afilado. Recomendamos servirlo frío. ◆

Tarta de queso con cerveza de mantequilla

Para 1 tarta de queso.

Para la tarta de queso:

100 g de mantequilla, y un poco más para engrasar el molde

200 g de galletas de mantequilla

200 g de nata

600 g de queso cremoso para untar

150 g de nata agria

150 g de azúcar

1 paquete de azúcar avainillado

100 ml de cerveza de malta 0.0

4 láminas de gelatina

Zumo de ½ limón

1. Coloca papel de horno en un molde desmontable de aprox. 26 cm de diámetro y engrasa el interior con mantequilla.

2. Pon a moler las galletas de mantequilla en el bol de un robot de cocina.

3. Derrite la mantequilla en un cazo a fuego lento y añade las migajas de galleta. Mézclalo bien hasta que quede una masa uniforme. A continuación, espárcela en la base del molde, presionándola ligeramente para que no queden huecos.

4. Monta la nata con una batidora eléctrica hasta que quede cremosa y guárdala en la nevera.

5. En un bol aparte, mezcla el queso cremoso para untar, la nata agria, el azúcar, el azúcar avainillado y la cerveza de malta.

Sigue en la página siguiente...

Para la salsa de frutas:

200 g de frambuesas a trocitos, y algunas enteras para decorar

20 g de azúcar

1 chorro de zumo de limón

También necesitarás:

Molde desmontable (aprox. 26 cm Ø)

6. Pon las láminas de gelatina en un bol con agua durante 5 minutos para que se ablanden. Saca la gelatina del agua y escúrrela.

7. Calienta el zumo de limón en un cazo pequeño, pero sin que llegue a hervir. Incorpora la gelatina en el zumo para que se derrita. Añade 1-2 cucharadas de la masa de queso cremoso a la gelatina y remuévelo. Luego, viértelo en la masa de queso cremoso y mézclalo bien. Añade la nata montada. Extiende la masa de forma equitativa en el molde por encima de la base de galleta. Déjalo enfriar por lo menos 6 horas en la nevera.

8. Mientras tanto, prepara la salsa de frutas. Pon las frambuesas, el zumo de limón y el azúcar en un vaso y tritúralos con la minipimer. Guarda la salsa en la nevera hasta su uso.

9. Esparce la salsa de frutas de manera abundante por encima de la tarta de queso con cerveza de mantequilla y decórala con frambuesas frescas. ◆

Profiteroles del Club de las Eminencias

Para 5-6 profiteroles.

Para la masa:

125 ml de leche

125 ml de agua, y un poco más para esparcir sobre la masa

30 g de azúcar

1 paquete de azúcar avainillado

1 pizca de sal

80 g de mantequilla

125 g de harina

3-4 huevos a temperatura ambiente, y 1 más para barnizar la masa

Salsa de chocolate

Para el relleno:

200 ml de nata montada fría

40 g de azúcar glas

1 paquete de azúcar avainillado

1. Pon la leche, el agua, el azúcar, el azúcar avainillado, la sal y la mantequilla en un cazo y hiérvelo todo a fuego medio. Retíralo del fuego, añade la harina de golpe y mézclalo hasta que quede una masa espesa y uniforme sin grumos. Vuelve a ponerla en el fuego y remuévela hasta que se apelmace y se forme una capa blanquecina en el fondo del cazo. Pon la masa en un bol para batir y déjala enfriar.

2. Mientras tanto, precalienta el horno a 180 °C con el ventilador y coloca una hoja de papel de horno en una bandeja.

3. A continuación, añade los huevos a la masa de uno en uno y bátelos hasta que quede una consistencia parecida a la del puré de patata. Pon la masa en una manga pastelera con una boquilla redonda y forma montoncitos del tamaño de una nuez en la bandeja. Deja suficiente espacio entre ellos, pues la masa va a subir.

Sigue en la página siguiente...

También necesitarás:

Manga pastelera con una boquilla redonda y una boquilla para inyectar

4. En un bol pequeño, bate un huevo con un poco de agua y úsalo para barnizar la masa. Hornéala aprox. 15-20 minutos hasta que quede dorada. ¡No abras la puerta del horno durante este proceso!

5. Mientras tanto, prepara el relleno. Pon la nata montada en un bol previamente refrigerado y remuévela con la batidora: primero, a velocidad baja; luego, a la máxima velocidad. En cuanto la nata quede cremosa, añade el azúcar glas y el azúcar avainillado y sigue batiendo hasta que la nata quede espesa y espumosa. Guárdala en la nevera hasta su uso.

6. Cuando los profiteroles se hayan cocido, sácalos del horno y déjalos enfriar del todo en la bandeja.

7. Llena los profiteroles con la crema de nata con la ayuda de una manga pastelera con una boquilla para inyectar. A continuación, colócalas en un plato o una bandeja en forma de pirámide y échales un chorrito de chocolate por encima. ◆

Pastelitos crumpets

Para aprox. 10-12 *crumpets*:

150 g de harina

½ cucharadita de sal

20 g de levadura fresca

450 ml de leche

150 g de harina de trigo integral

Un poco de mantequilla

También necesitarás:

Anillos para *crumpets* (o, alternativamente, moldes para tortitas o para huevos fritos)

1. Mezcla la harina y la sal en un bol grande. Forma un hueco en el centro para poner la levadura fresca desmigajada y añade un chorro de leche. Remuévelo y déjalo reposar 10 minutos.

2. Calienta el resto de la leche a fuego lento en un cazo pequeño y viértela en el bol. Mézclalo todo hasta que quede una masa homogénea. Déjala reposar aprox. 35-40 minutos a temperatura ambiente.

3. Mientras tanto, engrasa los anillos para *crumpets* con abundante mantequilla.

Sigue en la página siguiente...

4. En cuanto la masa haya subido lo suficiente, derrite un poco de mantequilla en una sartén, coloca los anillos para *crumpets* por encima y llénalos con la masa hasta que tenga un grosor de aprox. 1 cm. Déjalo cocer hasta que se formen burbujitas en la superficie de la masa. Retira el molde, da la vuelta a los *crumpets* y déjalos dorar por el otro lado aprox. 2 minutos. Al retirarlos, déjalos reposar en un plato o una bandeja cubierta de papel de cocina para que se absorba la grasa.

5. Como acompañamiento, quedan especialmente bien la mermelada de frambuesas (ver pág. 211) o la crema de caramelo y canela (ver pág. 95).

Los *crumpets* se pueden disfrutar recién hechos o, si lo prefieres, puedes guardarlos en un recipiente hermético y consumirlos en otro momento. En ese caso, ponlos unos minutos en la tostadora antes de servirlos. ◆

Pastillas
vomitivas

**Para aprox. 400 g
de pastillas vomitivas:**

Un trozo de jengibre
de aprox. 2 cm, picado

150 ml de agua

450 g de azúcar

100 g de glucosa líquida

Colorante alimentario azul

Ácido cítrico en polvo
(comestible)

Azúcar glas

**También
necesitarás:**

Termómetro para azúcar,
esterilla de silicona

1. Pon el jengibre en una cazuela pequeña llena de agua y cuécelo 15 minutos a fuego medio.

2. Escurre el jengibre con un colador y guarda el agua en un cazo. Desecha el jengibre.

3. Añade el azúcar y la glucosa líquida al agua de jengibre, caliéntala a fuego medio sin dejar de remover hasta que empiece a hervir y el azúcar se haya derretido.

4. En cuanto el sirope empiece a hervir, deja de removerlo y pon el termómetro para azúcar en la cazuela. Cuando la temperatura llegue a los 150 °C, retíralo del fuego, déjalo reposar en una superficie resistente al calor y añade el colorante alimentario azul y el ácido cítrico. ¡Cuidado: quema!

Sigue en la página siguiente...

5. Esparce la masa azucarada en una esterilla de silicona y déjala enfriar hasta que puedas trabajar la masa con las manos sin quemarte. Córtala a trozos de unos 2-3 cm con unas tijeras y dales forma de bolita con las manos. No hace falta que sean perfectamente redondas. La masa de caramelo se endurece enseguida, ¡tendrás que trabajar deprisa!

6. Espolvorea una superficie lisa con azúcar glas y pasa las pastillas vomitivas por encima para que queden recubiertas y no se peguen al guardarlas. Si las pones en un recipiente hermético, se conservarán durante varios meses. ◆

Felix Felicis
¡CON ALCOHOL!

Para aprox. 1 l de suerte líquida:

500 g de miel de flores

750 ml de licor korn (o vodka)

1 rama de canela

1 vaina de vainilla

1 grano de cardamomo

Un puñado de bayas de canela

1-2 clavos aromáticos

También necesitarás:

2-3 botellitas para pociones (o una grande), purpurina dorada comestible o una lámina de oro comestible, un tarro para conservas hermético

1. Pon la miel en el tarro para conservas hermético. (Recomendamos lavarlo en agua caliente antes de este paso.) Añade el licor korn y mezcla hasta que la miel se haya diluido. A continuación, pon las especias en el tarro, ciérralo y déjalo reposar 3-4 semanas en un lugar fresco y oscuro. Sacúdelo con fuerza cada dos o tres días.

2. Pasa el licor por un colador y viértelo en la botella. (Recomendamos lavarla primero con agua caliente.) Añade un poco de purpurina comestible o trocitos de oro comestible para conferirle un aspecto más mágico. Cierra bien la botella y sacúdela. Si quieres, puedes decorarla con una etiqueta bonita.

¡Cuanto más tiempo dejes reposar el licor de miel, más intenso será su sabor! ◆

Bombones desmayo

**Para aprox.
35 bombones desmayo:**

600 g de azúcar glas,
y un poco más para
espolvorear en la zona
de trabajo

2 claras de huevo

2 cucharaditas
de zumo de limón

10 gotas de tu aroma favorito
(por ejemplo, frambuesa,
chicle o menta)

Colorante alimentario rojo

1. Pon el azúcar glas, las claras de huevo, el zumo de limón y tu aroma favorito en un bol grande y mézclalo con la batidora eléctrica con las varillas para amasar. Luego, amásalo con las manos hasta que quede una masa homogénea, ligeramente brillante y fácil de extender.

2. Divide la masa en dos trozos grandes. Vuelve a poner una mitad en el bol y tíñela de rosa con el colorante alimentario.

3. Espolvorea una superficie lisa con azúcar glas y extiende cada una de las masas de manera que tengan el mismo tamaño y grosor. Júntalas, poniendo una encima de la otra, y aplánalas ligeramente con el rodillo.

4. Usa un cuchillo grande y afilado para cortar la masa a trocitos rectangulares pequeños. Colócalos unos al lado de otros en una bandeja cubierta con papel de cocina y déjalos secar por lo menos 12 horas. Dales la vuelta de vez en cuando.

5. Si los guardas en un recipiente hermético, se conservarán varias semanas. ◆

Fresas recubiertas
de chocolate

Para 750 g de fresas:

120 g de chocolate
blanco troceado

120 g de chocolate
con leche troceado

120 g de chocolate
negro troceado

400 g de fresas frescas

**También
necesitarás:**

Manga pastelera
o bolsa para congelados

1. Lava las fresas y sécalas con papel de cocina absorbente.

2. Coloca una hoja de papel de horno en una bandeja.

3. Derrite cada tipo de chocolate al baño María, vigilando que la base del bol no entre en contacto con el agua.

4. Remueve el chocolate y pon cada tipo de chocolate en boles distintos.

5. Sujeta las fresas por las hojas, báñalas en el chocolate que quieras y déjalas escurrir un poco antes de colocarlas en una bandeja cubierta de papel de horno. Asegúrate de dejar algo de espacio entre ellas. Déjalas reposar hasta que el chocolate se endurezca.

Sigue en la página siguiente...

6. Pon el chocolate que haya sobrado en una manga pastelera o en una bolsa para congelados con una esquina cortada y dibuja «hilos» por encima de las fresas (idealmente, con un tipo de chocolate distinto al que has usado en el paso anterior). Déjalo secar y, cuando el chocolate se haya endurecido, da la vuelta a las fresas y repite la operación por el otro lado, procurando que haya una cierta continuidad de las líneas. Déjalas secar otra vez hasta que estén listas para servir.

Si el chocolate se endurece antes de que puedas terminar, caliéntalo unos 20 segundos en el microondas y podrás seguir usándolo sin problemas. ◆

Bolas de palomitas dulces del profesor Slughorn

Para aprox. 15 bolas:

80 g de palomitas hechas al microondas

30 g de mantequilla

250 g de malvaviscos

100 g de nueces de macadamia troceadas

Virutas de colores o perlas de azúcar de colores

Un poco de aceite

1. Prepara las palomitas según las instrucciones del paquete.

2. Derrite un poco de mantequilla en una cazuela pequeña a baja temperatura. Pon los malvaviscos dentro y, sin dejar de removerlos y con la ayuda de una espátula bien engrasada con aceite, déjalos derretir.

3. En cuanto los malvaviscos se hayan derretido, retira la cazuela del fuego. Añade las nueces de macadamia troceadas y las palomitas, y remuévelo todo con cuidado. ¡Atención: la masa está muy caliente! Al terminar, déjala enfriar hasta que puedas trabajarla con las manos sin quemarte los dedos.

4. Mientras tanto, coloca una hoja de papel de horno en una bandeja y pon las virutas de colores en un bol pequeño.

Sigue en la página siguiente...

5. Úntate las manos con abundante aceite y haz bolas del mismo tamaño con la masa de palomitas azucaradas. Ponlas en el bol y remuévelo para que las bolas queden bien cubiertas de virutas. Colócalas en una bandeja, dejando suficiente distancia entre ellas, y déjalas solidificar. ◆

Tarta
de manzana

Para 1 tarta:

125 g de mantequilla,
y un poco más
para engrasar el molde

125 g de azúcar

2 huevos

Cáscara de ½ limón

1 pizca de sal

200 g de harina de trigo

2 cucharaditas
de levadura en polvo

2 cucharadas de leche

600 g de manzanas peladas
y cortadas a cuartos

Azúcar glas a tu gusto

**También
necesitarás:**

Molde (aprox. 25 cm Ø)

1. Mezcla la mantequilla y el azúcar con una batidora hasta que quede una crema esponjosa. Poco a poco, añade los huevos, la cáscara de limón y la sal.

2. Pon la harina y la levadura en polvo en un bol aparte, tamízalas y mézclalas con la crema de mantequilla. Remueve la masa mientras añades la leche.

3. Precalienta el horno a 170 °C con calor superior/inferior. Engrasa el molde con un poco de mantequilla.

4. Haz pequeños cortes en la parte superior de los cuartos de manzana.

5. Vierte la masa en el molde, alísala y coloca los cuartos de manzana por encima, dejando espacio entre ellos. Pon la masa en la bandeja central del horno y déjala cocer aprox. 40-50 minutos, o hasta que la tarta se haya dorado y puedas pinchar un palillo en el centro y sacarlo limpio. Para finalizar, retira el bizcocho del horno y déjalo enfriar sobre una bandeja con rejilla. Espolvorea azúcar glas por encima a tu gusto. ◆

Palitos
fantasma

Para aprox. 20 palitos:

150 g de chocolate blanco troceado

125 g de palitos salados gruesos

También necesitarás:

Rotulador alimentario negro, termómetro para azúcar

1. Pon agua en una cazuela grande para preparar el baño María. Coloca un cazo de metal más pequeño encima, vigilando que su base no toque el agua, y calienta el agua a fuego lento, pero sin que llegue a hervir. Derrite ⅔ del chocolate en el cazo de metal. En cuanto se haya derretido, añade el resto del chocolate, remuévelo y déjalo enfriar. Controlando la temperatura con un termómetro para azúcar, vuelve a calentarlo hasta que alcance los 32 °C y retíralo del fuego.

2. Baña los palitos salados en el chocolate derretido de forma que ⅔ partes queden cubiertas. ¡Deberás trabajar rápido, pues el chocolate se enfría y solidifica enseguida! Al terminar, colócalos en un vaso con la parte cubierta de chocolate hacia arriba. Deja suficiente espacio entre ellos para que no se peguen.

Déjalos enfriar aprox. 15 minutos. En cuanto el chocolate se haya solidificado, dibuja las terroríficas caras de los fantasmas con un rotulador alimentario negro. ◆

Diablillos
de pimienta

**Para aprox. 400 g
de diablillos de pimienta:**

300 g de azúcar
150 g de glucosa líquida blanca
100 ml de agua
1 cucharada de extracto
de menta comestible
Colorante alimentario rojo
Aceite de mesa
150 g de azúcar glas

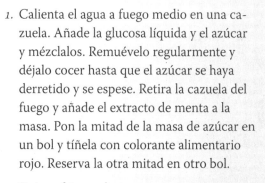

1. Calienta el agua a fuego medio en una cazuela. Añade la glucosa líquida y el azúcar y mézclalos. Remuévelo regularmente y déjalo cocer hasta que el azúcar se haya derretido y se espese. Retira la cazuela del fuego y añade el extracto de menta a la masa. Pon la mitad de la masa de azúcar en un bol y tíñela con colorante alimentario rojo. Reserva la otra mitad en otro bol.

2. Deja enfriar ambas masas unos minutos hasta que sea seguro trabajarlas con las manos sin quemarte, pero vigila que no se solidifiquen. Engrásate los dedos con un poco de aceite de mesa y forma tiras finas con la masa. Junta una tira blanca con una roja y enróllalas en espiral para formar una sola tira. Repite este paso hasta quedarte sin masa y coloca las tiras en una bandeja cubierta con papel de horno dejando suficiente espacio entre ellas. Déjalas secar 10 minutos.

3. Pon azúcar glas en un recipiente hermético.

Sigue en la página siguiente...

4. Corta las tiras de caramelo a trozos de unos 2-3 cm de largo con la ayuda de unas tijeras de cocina y guárdalos en el recipiente con el azúcar glas. Ciérralo y sacúdelo con cuidado.

5. Pasa los diablillos de pimienta por un colador para retirar el azúcar glas sobrante y vuelve a guardarlos en el recipiente hermético para que se conserven durante varias semanas. ◆

Panecillos de Pascua

Para aprox. 8-10 panecillos.

Para los panecillos:

100 g de pasas

Un poco de zumo de manzana

300 ml de leche templada

50 g de mantequilla

500 g de harina, y un poco más para espolvorear

1 paquete de levadura

1 pizca de sal

½ cucharadita de canela

80 g de azúcar

1 huevo

1. Pon las pasas en un bol pequeño y llénalo de zumo de manzana hasta que las cubra del todo. Déjalas reposar 1-2 horas.

2. Mezcla la leche y la mantequilla en un cazo y cuécelas a fuego lento, y remueve hasta que la mantequilla se derrita. Retira el cazo del fuego y déjalo enfriar hasta que la leche esté templada.

3. Pon 500 g de harina, la levadura, la sal, la canela y 80 g de azúcar en un bol. Añade el huevo y la leche templada. Mézclalo con las manos o con un robot de cocina con varillas para amasar hasta que la masa no se quede pegada en el bol. Si queda demasiado líquida, añade más harina.

4. Forma una bola con la masa, cúbrela con un trapo de cocina limpio y déjala reposar a temperatura ambiente durante una hora o hasta que haya doblado su volumen.

5. Cubre dos bandejas con papel de horno. Precalienta el horno a 200 °C con calor superior/inferior.

Sigue en la página siguiente...

PANECILLOS DE PASCUA

Para los panecillos:

75 g de harina

1 cucharadita de azúcar

Aprox. 3-5 cucharadas de agua

2 cucharadas de mermelada de albaricoque pasada por un colador

También necesitarás:

Manga pastelera o bolsa para congelados

6. Escurre las pasas y espárcelas por la masa antes de volver a amasar. Corta la masa en doce pedazos del mismo tamaño y dales forma circular con las manos. Colócalos en la bandeja con suficiente espacio entre ellos. Déjalos reposar 20 minutos para que terminen de subir.

7. Mientras tanto, prepara la decoración en forma de cruz: mezcla harina y agua en un bol hasta que se forme una masa espesa, no muy líquida. Introdúcela en una manga pastelera o, si no tienes, en una bolsa para congelados con una esquina cortada. Dibuja la forma de una cruz encima de cada panecillo con la masa. Cuécelos en el horno aprox. 20 minutos hasta que se doren.

8. Mientras tanto, pasa la mermelada de albaricoque por un colador y caliéntala. Espárcela por la superficie de los panecillos con un pincel inmediatamente al sacarlos del horno. Déjalo secar unos minutos antes de consumir. ◆

Habichuelas mágicas

Para aprox. 400 g de habichuelas mágicas:

200 g de galletas saladas

200 g de chocolate con leche para fundir, troceado

2 ml de esencia de ron

½ cucharadita de canela

1. Introduce las galletas saladas 3-4 horas en el congelador para que sea más fácil cortarlas sin romperlas.

2. Corta las galletas saladas congeladas a tiras finas y alargadas con un cuchillo grande y afilado.

3. Derrite el chocolate al baño María. Añade la esencia de ron y la canela y remueve. Finalmente, añade las galletas saladas. Mézclalo todo con cuidado de forma que las galletas queden bien recubiertas de chocolate.

4. Saca las «habichuelas» mágicas de una en una y colócalas en una bandeja cubierta con papel de horno. Déjalas secar completamente.

5. Guárdalas en un recipiente hermético para que se conserven mejor.

Sigue en la página siguiente...

6. Aunque para esta receta necesitarás un producto llamado «esencia de ron», estas habichuelas no llevan alcohol, pues la esencia solo recuerda al sabor y el olor del ron, pero en realidad está compuesta por una mezcla de agua y propilenglicol. ¿Ron sin ron? ¡Eso sí que es magia! ◆

Tartaletas de tres sabores

Para aprox. 18 tartaletas.

Para las tartaletas:

125 g de mantequilla
a temperatura ambiente,
y un poco más

125 g de azúcar glas

½ huevo

1 cucharada de agua fría

250 g harina, y un poco más

5 g de levadura en polvo

3 g de sal

Un poco de ralladura
de limón, a tu gusto

Para el relleno de chocolate:

75 g de chocolate
blanco troceado

75 g de chocolate
negro troceado

40 g de mantequilla

75 ml de nata

Para preparar las tartaletas:

1. Mezcla la mantequilla y el azúcar glas con una batidora eléctrica. Añade medio huevo y el agua fría y vuelve a batir. A continuación, añade la harina, la levadura en polvo, la sal y la ralladura de limón y amásalo hasta que quede una masa suave y homogénea. Déjala reposar 30 minutos en la nevera.

2. Espolvorea harina sobre una superficie lisa y extiende la masa fría encima hasta que tenga un grosor de aprox. 1 cm. Usando el cortador de galletas, corta círculos un poco más grandes que el molde para tartaletas.

3. Engrasa los moldes para tartaletas con un poco de mantequilla y coloca los círculos encima con cuidado. Presiónalos levemente para que la masa quede bien repartida por el molde. Vuelve a ponerlos en la nevera durante una hora.

4. Mientras tanto, precalienta el horno a 130 °C.

Sigue en la página siguiente...

TARTALETAS DE TRES SABORES

Para el *lemon curd*:

Zumo y ralladura de 5 limones

5 huevos

140 g de azúcar

125 g de mantequilla fría

Mermelada de frambuesas (ver pág. 211)

También necesitarás:

Moldes para tartaletas (aprox. 10 cm Ø), cortador para galletas redondo (aprox. 12 cm Ø), manga pastelera, 1-2 tarros con tapa de rosca (según el tamaño)

5. Hornea las tartaletas aprox. 50-60 minutos hasta que queden crujientes. Retíralas del horno y déjalas enfriar. ¡No las saques de los moldes hasta que se hayan enfriado del todo! Luego, usando una manga pastelera, llénalas de chocolate (ver más abajo), de mermelada de frambuesas (ver pág. 211) o de *lemon curd* (ver más abajo). Deja enfriar el relleno antes de servir las tartaletas

6. Escurre las pasas y espárcelas por la masa antes de volver a amasar. Corta la masa en doce pedazos del mismo tamaño y dales forma circular con las manos. Colócalos en la bandeja con suficiente espacio entre ellos. Déjalos reposar 20 minutos para que terminen de subir.

7. Mientras tanto, prepara la decoración en forma de cruz: mezcla harina y agua en un bol hasta que se forme una masa espesa, no muy líquida. Introdúcela en una manga pastelera o, si no tienes, en una bolsa para congelados con una esquina cortada. Dibuja la forma de una cruz encima de cada panecillo con la masa. Cuécelas en el horno aprox. 20 minutos hasta que se doren.

8. Mientras tanto, pasa la mermelada de albaricoque por un colador y caliéntala. Espárcela por la superficie de los panecillos con un pincel inmediatamente al sacarlos del horno. Déjalo secar unos minutos antes de consumir.

Para preparar el relleno de chocolate:

9. Pon el chocolate troceado en un bol para derretirlo al baño María.

10. Derrite la mantequilla junto a la leche en un cazo pequeño medio sin dejar de remover. Mézclalo con el chocolate hasta que este se derrita. Déjalo enfriar un poco antes de verterlo en las tartaletas.

Para preparar el *lemon curd*:

11. Pon el zumo y la ralladura de limón en un cazo a fuego medio.

12. Bate los huevos y el azúcar en un bol con la batidora eléctrica hasta que quede una crema blanquecina. Añade la mitad del zumo de limón hervido. Deja la otra mitad en el cazo, añádele la masa de huevo y, sin dejar de removerla, déjala coagular a fuego lento. Cuélala y viértela en un recipiente limpio, y déjala enfriar hasta que deje de humear. A continuación, corta la mantequilla a trocitos pequeños y mézclalos con la masa cálida. Déjalo enfriar unos minutos y úsalo inmediatamente para llenar las tartaletas.

13. Si no usas todo el *lemon curd*, puedes guardar el que te sobre en un tarro con tapa de rosca y conservarlo en la nevera. ◆

Ranas de chocolate

Para 6 ranas de chocolate:

250 g de chocolate negro para fundir troceado

2-3 gotas de extracto de menta

2-3 gotas de extracto de vainilla

También necesitarás:

Moldes para bombones en forma de rana

1. Pon ⅔ del chocolate en un bol metálico y derrítelo al baño María sin dejar de remover. Vigila que el fondo del bol no toque el agua. En cuanto el chocolate esté líquido, retíralo del fuego y añade el resto del chocolate. Remuévelo hasta que se haya derretido del todo. Si quieres, puedes añadirle 2-3 gotas de extracto de menta y 2-3 gotas de extracto de vainilla.

2. Con cuidado, vierte el chocolate en el molde. Golpea suavemente el molde con una cuchara para asegurarte de que no quedan burbujas de aire en el chocolate. Tapa el molde con film transparente de forma algo suelta, ponlo en la nevera y deja enfriar el chocolate.

3. Retira las ranas de chocolate del molde con cuidado. ¡Cómetelas antes de que Ron se quede con tu favorita! Es bien sabido que al mejor amigo de Harry le encantan las ranas de chocolate.

Sigue en la página siguiente...

RANAS DE CHOCOLATE

En internet se pueden encontrar moldes en forma de rana originales de la saga Harry Potter. ¡Algunos incluso se venden con cromos coleccionables de magos y brujas famosos, así como las cajas de cartón que aparecen en las películas! ◆

Éclairs
de lemon curd

Para 10-12 éclairs.

Para la masa:

100 ml de agua

100 ml de leche

90 g de mantequilla

30 g de azúcar

1 paquete de azúcar avainillado

1 pizca de sal

120 g de harina

3 huevos

Para el relleno:

75 g de chocolate blanco troceado

75 g de chocolate negro troceado

40 g de mantequilla

75 ml de nata

1. Precalienta el horno a 200 °C con calor superior/inferior y cubre dos bandejas con papel de horno.

2. Pon el agua, la leche, la mantequilla, el azúcar, el azúcar avainillado y la sal en una cazuela pequeña a fuego medio y cuécelos sin dejar de remover hasta que empiecen a hervir. Añade la harina y mézclala con un cucharón a baja temperatura hasta que la masa en forma de bola no se quede pegada al fondo de la cazuela y deje un rastro blanquecino. Este proceso puede durar unos minutos. Al terminar, retira la cazuela del fuego y vierte el contenido en un bol para mezclar. Déjalo enfriar un poco.

3. Añade los huevos de uno en uno al bol y mézclalos con la masa con la batidora eléctrica hasta que se forme una masa suave y espesa. Ponla en una manga pastelera con una boquilla con forma de estrella.

Sigue en la página siguiente...

ÉCLAIRS DE LEMON CURD

Para decorar:

150 g de chocolate
blanco troceado

Fresas
deshidratadas troceadas

Hojas de menta frescas

**También
necesitarás:**

Manga pastelera
con una boquilla con forma
de estrella y una boquilla
para inyectar

4. Forma tiras de masa de aprox. 10 cm sobre una bandeja cubierta con papel de horno, dejando suficiente espacio entre ellas. Hornéalas aprox. 30 minutos o hasta que los *éclairs* se hayan dorado. ¡No abras el horno mientras los *éclairs* estén dentro!

5. Mientras tanto, prepara la crema de *lemon curd*. Para ello, prepara el flan en polvo según las instrucciones del fabricante, pero usando solo 350 ml de leche y 50 g de azúcar. Sin dejar de remover, añade la ralladura y el zumo de limón. Luego, añade el *lemon curd* a la mezcla y déjala enfriar 15 minutos.

6. Pon la crema de *lemon curd* en una manga pastelera con la boquilla para inyectar y úsala para rellenar los *éclairs*. Si no tienes este tipo de boquilla, también puedes hacer un corte horizontal a un lado de los *éclairs*, llenarlos de crema y volver a cerrarlos.

7. Derrite el chocolate blanco al baño María y luego introdúcelo en una manga pastelera o en una bolsa para congelados con una esquina cortada. Úsala para decorar la superficie de los *éclairs*. Antes de que el chocolate se enfríe, espolvorea los trocitos de fresa deshidratada por encima, y termina de decorar con las hojas de menta. Déjalo enfriar todo un poco antes de servirlo. ◆

Sirope
de grosella

**Para aprox.
1-1½ l de sirope:**

2½ kg de grosella roja
(fresca o congelada)
150 ml de agua
500 g de azúcar
Zumo de 1 lima
Semillas de ½ vaina
de vainilla

**También
necesitarás:**
Tela para escurrir, botella
con cierre y capacidad
para mín. 1½ l

1. Lava las grosellas y sepáralas del tallo.

2. Pon las grosellas en una cazuela grande, llénala de agua y déjala cocer a fuego medio y sin dejar de remover. Para terminar, déjala hervir a fuego lento durante 10 minutos sin tapar la cazuela hasta que las grosellas se hayan abierto. Remueve la masa con intensidad de vez en cuando. Retírala del fuego y déjala enfriar.

3. Escúrrela con una tela para exprimir el zumo de las grosellas. Pon el zumo en una cazuela, añádele el azúcar, el zumo de lima y las semillas de vainilla y hiérvelos aprox. 10 minutos, o hasta que el azúcar se haya derretido. Remuévelo de vez en cuando con una cuchara de madera.

4. Guarda el sirope de grosella en una botella de vidrio y ciérrala. Recomendamos lavar primero la botella con agua caliente. Deja reposar el sirope unos 2-3 días, durante los cuales debes sacudirlo un par de veces.

Sigue en la página siguiente...

SIROPE DE GROSELLA

¡Este sirope de grosella es polifacético! Además de ser una base y un complemento idóneo para un montón de bebidas, también lo puedes utilizar para dar un toque especial al helado, a los postres dulces e incluso a tus ensaladas. ◆

Ratones
de azúcar chillones

Para aprox. 20 ratones.

Para los ratones de azúcar:

2 cucharadas de maicena

250 g de azúcar glas, y
2 cucharadas adicionales

1 cucharadita de mantequilla
para engrasar el molde
de silicona

2 paquetes de azúcar
avainillado

18 g de gelatina
neutra en polvo

150 ml de agua

Colorante
alimentario blanco

Para los ojos

2 cucharadas de azúcar glas

Algunas gotas de agua

Colorante palimentario rojo
o negro, a tu gusto

1. Mezcla la maicena y 2 cucharadas de azúcar glas en un bol.

2. Engrasa el molde de silicona en forma de ratón con una capa fina de mantequilla y espolvorea la mitad de la mezcla de maicena y azúcar glas por encima.

3. Pon el azúcar glas y el azúcar avainillado en un bol grande para mezclar.

4. Pon la gelatina en polvo en una cazuela pequeña llena de agua y derrítela a fuego medio sin dejar de remover.

5. Añade lentamente la gelatina caliente al bol y mézclala con el azúcar glas con una batidora eléctrica. Añade también el colorante. Aumenta la velocidad paulatinamente hasta que quede una masa esponjosa pero a la vez líquida.

Sigue en la página siguiente...

También necesitarás:

Molde de silicona en forma de ratón, manga pastelera con una boquilla muy fina

6. Vierte la masa de azúcar en el molde de silicona, alísala y espolvorea un poco más de la mezcla de maicena y azúcar glas por encima. Déjalo reposar por lo menos una hora. Pasado este tiempo, retira los ratones del molde y vuelve a espolvorearlos con la mezcla de maicena y azúcar glas. Dales unos golpecitos suaves para eliminar el azúcar sobrante y prepara los ojos.

7. Para ello, mezcla el azúcar glas con el agua necesaria para formar una masa espesa pero flexible. Tíñela a tu gusto con colorante alimentario rojo o negro. Pon la masa en una manga pastelera con una boquilla muy fina y dibuja los ojos directamente sobre los ratones de azúcar. Déjalos secar unos minutos. (Si quieres hacer los ojos de dos colores, repite este paso con otro colorante.)

8. Guarda los ratones en un recipiente hermético para que se conserven más tiempo. ◆

Pudin de toffee

Para 4 raciones:

180 g de dátiles secos,
sin hueso y troceados

1½ cucharadita
de levadura en polvo

200 g mantequilla, y un poco
más para engrasar el molde

200 g de azúcar

1 de azúcar avainillado

1 huevo

240 g de harina de trigo

1 cucharadita de canela

½ cucharadita
de jengibre en polvo

90 g de azúcar moreno

100 ml de nata montada

Para la decoración

Frutos secos troceados
(a tu gusto)

Virutas de chocolate

Helado de cerveza
de mantequilla (ver pág. 51)
o tu helado cremoso favorito

1. Mezcla los dátiles troceados con 1 cucharadita de levadura en polvo en un bol y añade suficiente agua para que cubra los dátiles del todo. Déjalo reposar aprox. 5 minutos.

2. Mientras tanto, precalienta el horno a 200 °C con calor superior/inferior.

3. Pasa los dátiles por un colador, ponlos en un vaso alargado y tritúralos con una minipimer.

4. Pon 180 g de mantequilla a temperatura ambiente, el azúcar y el azúcar avainillado en un bol y mézclalos con la batidora hasta que quede una masa cremosa. Añade el huevo, la levadura en polvo restante, la harina de trigo, la canela y el jengibre en polvo y mézclalo hasta adquirir una masa homogénea. A continuación, añade los dátiles, amasa otra vez y pon la masa en el molde engrasado con mantequilla. Hornéalo aprox. 50 minutos. Luego, retira el pudin del horno y déjalo enfriar dentro del molde.

Sigue en la página siguiente...

**También
necesitarás:**

Molde para bizcocho
tipo *Gugelhupf*
(aprox. 18-20 cm Ø)

5. Mientras tanto, derrite el resto de la mantequilla en un cazo a fuego medio sin dejar de remover. Añádele el azúcar moreno y la nata, remuévelos y déjalo cocer hasta que empiece a hervir. Entonces, reduce la temperatura y déjalo aprox. 3-4 minutos adicionales. Retira la salsa de *toffee* del fuego y déjala enfriar unos minutos.

6. Vuelca con cuidado el pudin de *toffee* en un plato grande o una bandeja para servir. Decóralo con abundante salsa de *toffee* y con los frutos secos, las virutas de chocolate, y sírvelo con una bola de helado como acompañamiento. ◆

Caramelos saltaclases

Para aprox. 10 caramelos:

1 kg de azúcar

1 l de agua fría

1 cucharadita de zumo de limón

150 g de maicena

1 cucharadita de cremor tártaro en polvo

2 cucharadas de agua de rosas

Colorante alimentario rojo

Aceite de girasol para engrasar el molde

90 g de azúcar glas

También necesitarás:

Termómetro para azúcar, un molde (aprox. 23 × 23 cm)

1. Pon el azúcar, 375 ml de agua y el zumo de limón en una cazuela. Remuévelo a fuego lento hasta que el azúcar se haya derretido. Luego, déjalo hervir hasta que alcance los 115 °C y retíralo del fuego.

2. Mezcla 120 g de maicena con el cremor tártaro en polvo y 250 ml del agua azucarada en un bol resistente al calor.

3. Pon el agua restante en una cazuela y hiérvela junto a la mezcla de maicena y cremor. Añade el almíbar de limón y, sin dejar de remover, déjalo hervir hasta que la masa se espese y burbujee. Déjalo a fuego lento aprox. 75 minutos o hasta que adquiera un tono dorado claro, vigilando que no arranque a hervir. A continuación, añade el agua de rosas y suficiente colorante alimentario rojo para que la masa adquiera un tono rosado. Viértela en un molde previamente engrasado con aceite de girasol y déjala reposar por lo menos 12 horas.

Sigue en la página siguiente...

CARAMELOS SALTACLASES

4. Mezcla el azúcar glas con la mezcla de maicena restante en un bol poco hondo.

5. Retira la masa de caramelo del molde y vuélcala con cuidado sobre una superficie lisa. Córtala a dados pequeños con un cuchillo ligeramente engrasado con aceite. Ponlos en el bol con el azúcar glas y remuévelos para que queden bien recubiertos. Guarda los caramelos saltaclases en un recipiente hermético para poder disfrutar de ellos durante 3-4 semanas. ◆

Pastel de la casa Gryffindor de Hagrid

Para 1 pastel.

Para la masa:

250 g de mantequilla a temperatura ambiente, y un poco más para engrasar el molde

300 g de harina

1 paquete de levadura en polvo

1 pizca de sal

1 ml de extracto de vainilla

250 g de azúcar

4 huevos

75 ml de leche

Colorante alimentario rojo y verde

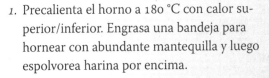

Para el glaseado:

250 g de azúcar glas

5 cucharadas de zumo de limón

Virutas de colores para decorar

1. Precalienta el horno a 180 °C con calor superior/inferior. Engrasa una bandeja para hornear con abundante mantequilla y luego espolvorea harina por encima.

2. Mezcla la harina, la levadura en polvo y la sal en un bol pequeño.

3. Mezcla la mantequilla, el extracto de vainilla y el azúcar en un bol con una batidora eléctrica. Añade los huevos de uno en uno y, mientras los bates, añade de poco en poco la leche y la mezcla de harina y levadura. Reparte la masa en dos boles, tiñe uno con el colorante alimentario rojo y el otro, con el verde.

4. Pon cada masa en una manga pastelera con la boquilla redonda grande y «dibuja» tiras gruesas en la bandeja hasta que no quede más espacio. (Si no tienes una manga pastelera, puedes usar una bolsa para congelar y cortarle una de las esquinas.)

Sigue en la página siguiente...

También necesitarás:

Manga pastelera con una boquilla redonda grande

5. Hornéala aprox. 25-30 minutos. Hacia el final de este intervalo de tiempo, pincha la masa con un palillo: si sale limpio, ya puedes sacar el pastel del horno. Si no, déjalo cocer un poco más. Al retirarlo, déjalo enfriar del todo.

6. Mientras tanto, prepara el glaseado: mezcla el azúcar glas y el zumo de limón en un bol pequeño y extiéndelo de manera uniforme por el bizcocho frío. Espárcelo bien con una espátula. Para terminar, decora el pastel con virutas de colores y deja enfriar el glaseado antes de servir. ◆

Trufas al brandy

¡CON ALCOHOL!

Para aprox. 50 trufas.

Para la masa:

120 ml de brandy

80 g de cerezas amargas secas

150 g de chocolate en leche troceado

150 g de chocolate negro troceado

125 g de mantequilla

200 g de nueces picadas

600 g de pan de jengibre

180 g de azúcar glas

1 cucharadita de condimento para pan de jengibre

200 g de virutas de chocolate

1. Pon 50 ml de brandy en una cazuela pequeña a fuego medio. Añade las cerezas y déjalas 2-3 horas en remojo. Escúrrelas en un colador.

2. Derrite el chocolate con leche, el chocolate negro y la mantequilla al baño María en un bol, removiéndolos constantemente. Vigila que la base del bol no toque el agua.

3. Tuesta las nueces en una sartén sin aceite ni mantequilla hasta que se doren. Retíralas del fuego, déjalas enfriar, y muele la mitad con una picadora.

4. Desmigaja el pan de jengibre en un bol y rocíalo con el brandy restante. Añade las nueces picadas, las nueces trituradas, el azúcar glas y el condimento para pan de jengibre y mézclalo todo. A continuación, añade el chocolate derretido y trabájalo hasta obtener una masa homogénea.

Sigue en la página siguiente...

5. Humedécete ligeramente las manos y forma bolitas del tamaño de un racimo de uva con la masa. Introduce una cereza dentro de cada una, tapando la apertura con la masa, y dales forma redonda con las manos.

6. Pon las virutas de chocolate en un bol pequeño y hondo, pon las bolitas dentro y remuévelas hasta que queden bien cubiertas de virutas. Si las guardas en un recipiente hermético y en la nevera, se conservarán unas 2-3 semanas.

Este dulce es un postre ideal. Si pones las trufas en una caja bonita, también pueden ser un regalo maravilloso para alguien a quien le regalarías un calcetín sin dudarlo. ◆

Mermelada
de frambuesa

Para aprox.
1 l de mermelada:

1 kg de frambuesas
(frescas o congeladas)

500 g de azúcar especial
para mermeladas

2 cucharadas de zumo
de limón acabado de exprimir

Semillas de ½ vaina de vainilla

También
necesitarás:

2-5 tarros para conservas
(según el tamaño)

1. Si usas frambuesas frescas, lávalas y sécalas bien.

2. Pon las frambuesas en una cazuela grande y aplástalas con un pasapuré (u otro objeto parecido) hasta obtener una masa pastosa. Añade el azúcar especial para mermeladas, el zumo de limón y las semillas de vainilla. Cuécelo todo a fuego fuerte y déjalo hervir unos 3 minutos. Durante este proceso, remueve la masa con una cuchara de madera con el mango lo más largo posible. Ve con cuidado: la mermelada salpica y te podrías quemar.

3. Retira la cazuela del fuego. Si quieres, puedes retirar la espuma que se ha formado en la mermelada con una espumadera o un colador pequeño. No es necesario, solo una cuestión de estética.

4. Vierte la mermelada en los tarros (recomendamos lavarlos previamente con agua

Sigue en la página siguiente...

caliente). Deja aprox. 5 mm de espacio entre la mermelada y la apertura del tarro.

5. Cierra los tarros y colócalos boca abajo aprox. 5-10 minutos para que se forme el vacío. Ve con cuidado: ¡los tarros están muy calientes! A continuación, déjalos enfriar 3-4 horas. Conserva la mermelada en un lugar seco y fresco. ◆

Turrón sangranarices

Para aprox. 500 g de turrón:

4 claras de huevo
1 pizca de sal
300 g de azúcar
2 paquetes de azúcar avainillado
4 cucharadas de miel
1 chorro de zumo de limón
120 g de avellanas enteras
120 g de almendras peladas
120 g de pistachos
4 obleas rectangulares

1. Bate las claras de huevo a punto de nieve en un bol de vidrio con la batidora eléctrica y una pizca de sal. Añade el azúcar y el azúcar avainillado poco a poco y, cuando las claras empiecen a estar montadas, añade la miel y el zumo de limón.

2. Lleva el bol con la mezcla de claras de huevo y miel al baño María y remuévelo hasta que, paulatinamente, se endurezca. A continuación, añade las avellanas, las almendras y los pistachos y vuelve a remover.

3. Coloca dos de las obleas una al lado de la otra en una bandeja cubierta con papel de horno. Esparce la masa dulce por encima hasta que tenga un grosor aproximado de un dedo, y cúbrela con las otras dos obleas. Déjalo reposar unos minutos.

4. En cuanto la masa empiece a endurecerse, cubre el turrón con un trozo de papel de horno y pon libros u otros objetos planos pesados encima. Déjalo así durante mínimo 12 horas.

Sigue en la página siguiente...

5. Cuando se haya endurecido del todo, coloca el turrón en una tabla para cortar y, con un cuchillo largo y afilado, córtalo en dados pequeños. Guárdalos en un recipiente hermético.

En lugar de avellanas, también puedes usar nueces troceadas si lo prefieres. ◆

Agradecimientos

Del mismo modo que, según la Ley de Gamp sobre Transformaciones Elementales, no se puede conjurar una buena comida y bebida, nadie, ni *muggle* ni mago, puede crear un libro como este sin ayuda (aunque quién sabe si se trata de una de las excepciones de la Ley). En realidad, un montón de gente talentosa ha dedicado meses de su vida para obrar milagros (¡y sin usar la magia!) y asegurarse de que este libro llegue a tus manos.

Se trata de: Jo Löffler & Holger «Holle» Wiest, mis «Dinos», sin los cuales nada sería como es; Roberts «Rob» Urlovskis, quien usa el ordenador para hacer magia; Angelos Tsirigotis, mi griego suabo, por sus grandiosas aportaciones a este libro; Oskar «Ossi» Böhm y Annelies Haubold; el K-Clan con Tobi, Andrea, Finja y Lea; Katharina «el único gato verdadero» Böhm; mi «hermano de otra madre» Thomas B. junto a su «apéndice», por tantos momentos inolvidables en el pasado, presente y futuro; Ulrich «La Peste» Peste, por lo mismo; Dimitrie Harder, mi *partner in crime* en todo lo que tiene que ver con libros de cocina y repostería, y la única persona en todo el mundo que me ha llamado «descarado» sin sufrir las consecuencias; Thomas Stamm y su esposa Alexandra, por su cariño y su amistad; y por último, pero no por ello menos importante, Karin Michelberger, Franz-Christoph Heel y la siempre paciente Hannah Kwella, por tantos proyectos apasionantes.

Todas estas maravillosas personas son responsables de todo lo que te ha gustado de este libro. Sin embargo, los errores de contenido, la formulación dudosa, las medidas equivocadas y el uso excesivo de esencia de vainilla son culpa de los autores. A pesar de ello, nos encantará recibir tus elogios, quejas y críticas, preferiblemente a través de nuestras cuentas en redes sociales.

Tom Grimm

@tom.grimm.autor
www.grinningcat.de

ANOTACIONES

ANOTACIONES

Esta primera edición de *Cocina los postres de Harry Potter*,
de Katja Böhm & Tom Grimm, se terminó de imprimir
en *Grafica Veneta S.p.A. di Trebaseleghe* (PD)
de Italia en octubre de 2022.

Duomo ediciones es una empresa comprometida
con el medio ambiente. El papel utilizado para
la impresión de este libro procede de bosques
gestionados sosteniblemente.

Este libro está impreso con el sol.
La energía que ha hecho posible su impresión
procede exclusivamente de paneles solares.
Grafica Veneta es la primera imprenta en
el mundo que no utiliza carbón.